KB162175

|| 인문교양총서 46

일본 미디어믹스의 원류
시뮬라크르 에도江戸

•

손정아

저자 **손정아**__ 경북대학교 인문대학 일어일문학과

저자는 스토리(구사조시)와 이미지(우키요에)를 중심으로 현대 일본문화에서 고전 활용의 예를 찾아내고 미디어믹스의 원류로서 분석하는 연구를 진행하고 있다. 앤디 워홀이 "모든 것은 스스로를 반복한다. 모든 것은 반복일 뿐인데, 사람들이 새로운 것이라고 생각하는 것이 놀랍다."고 한 것은 비단 뉴욕의 현대 팝아트에만 해당하는 것은 아닐 것이다. 이와 유사하게 에도의 출판문화는 모방과 창조를 거듭하여 끊임없이 '빈복하는 새로움'을 만들어 냈다. 이와 관련해 저자의 연구는 일본고전문학, 시각문화, 일본서브컬처, 원소스 멀티유스를 이용한 문화콘텐츠 창작 등의 면에서 활용될 수 있을 것이다. 주요 논문으로 『가도카와(角川) 유형으로 본 에도 후기(江戸後期) 미디어믹스 전개-세카이(世界)와 슈코(趣向) 그리고 캐릭터의 문제를 중심으로-』·『일본 문화 콘텐츠 생성과 우타가와 구니요시(歌川国芳)-덴포개혁(天保改革)과 그 이후 작품을 중심으로-』·『기뵤시(黄表紙)의 『가치카치야마(かちかち山)』 수용-기산지(喜三二)와 산나(三和)의 경우-』 등이 있다.

경북대 인문교양총서 ㊻

일본 미디어믹스의 원류
시뮬라크르 에도 江戸

초판 인쇄 2021년 5월 7일
초판 발행 2021년 5월 18일

지은이 손정아
기 획 경북대학교 인문대학
펴낸이 이대현
편 집 이태곤 권분옥 문선희 임애정 강윤경
디자인 안혜진 최선주 이경진
마케팅 박태훈 안현진

펴낸곳 도서출판 역락
주 소 서울시 서초구 동광로 46길 6-6 문창빌딩 2층
전 화 02-3409-2060(편집), 2058(마케팅)
팩 스 02-3409-2059
등 록 1999년 4월 19일 제303-2002-000014호
전자우편 youkrack@hanmail.net
역락 홈페이지 www.youkrackbooks.com

ISBN 979-11-6244-555-6 04300
      978-89-5556-896-7(세트)

인문교양총서 046

일본 미디어믹스의 원류

시뮬라크르 에도江戸

손정아 지음

역락

들어가며

유난히 더운 일본의 여름, 습한 공기와 뜨거운 햇빛을 뚫고 히로오 역에서 내린다. 고즈넉한 아리스가와 공원을 지나 언덕을 올라가면 도서관이 자리하고 있다. 도쿄도립도서관은 시민들은 물론 방문하는 외국인들에게도 다양한 정보와 지식을 제공하는 열린 도서관이다. 특히 5층에 마련되어 있는 특별문고실은 필자와 같이 옛 일본의 자료가 필요한 사람들에게는 보물 창고와 같은 곳이다. 약간의 절차를 밟은 후, 일본 에도 시대 때 간행되었던 구사조시(글과 그림이 함께 들어 있는 대중소설류)와 우키요에(다색판화그림)의 자료를 건네받는다. 보호지에 올려놓은 우키요에 한 장을 넓고 큰 책상에 조심스레 내려 두고 숨을 한 번 크게 들이쉰다. 이때부터 시간을 거슬러 에도 여행이 시작된다.

일본의 근대화가 본격적으로 이루어지기 시작한 메이지 시대로 들어가기 전, 에도 후기는 그야말로 혼란과 격변의 시기였다. 막부와 조정을 각각 이용하고자 하는 큰 두 세력과 서양 열강들의 계속되는 개국 요구는 한 치 앞을 내다볼 수 없는 상황을 초래했다. 그러나 에도 시대의 막이 내려오는 와중에도 다른 한편에서는 문화의 꽃을 피운 시기이기도 하다. 인쇄술의 보급과 발달로 다양한 출판물이 간행되었으며 경제적으로 여유가 생긴 서민들은 가부키를 즐기며 그와 관련된 우키요에 그림을 소장하였다. 또한 서민들은 문화를 즐길 뿐만 아니라 직접 창작까지 하게 되는데, 교카(풍자와 익살을 주로 한 짧은 시)를 만드는 문화 살롱과도 같은 모임을 통해 그 창작의 내용과 종류는 점점 다양해진다.

에도 문화는 주로 공동 작업으로 이루어졌다. 한모토(版元)라고 불리는 출판업자는 단순히 작품을 찍어내는 곳의 사장만은 아니었다. 서적이든 그림이든 제작 구상은 먼저 이 한모토로부터 시작되었으니 오늘날로 치면 프로듀서와 같은 존재였다. 에도 후기 때 나온 책과 그림들은 바로 이 한모토에 의해 성공하고 또 실패했다. 오늘날 일본 각 지역의 핫플레이스로 자리매김하고 있는 'TSUTAYA'는 쓰타야 주자부로라는 에도 시대 가장 유명한 한모토의 이름에서 나온 것이다. 쓰타야는 공인된 유곽 요시와라 근처 작은 책방의 주인이었다. 그는 우타마로라는 아이돌을 탄생시켰으며 샤라쿠라는 미스터리 화가를 통해 앞서간 예술의 표본을 제시하기도 했다. 또한 산토교덴 등의 베스트셀러 작가의 작품을 지속적으로 출판했는데 그중 몇몇 작품으로 인해 막부로부터 재산을 몰수당하고 일정 기간 손을 사용하지 못하는 형벌을 받기도 한다.

쓰타야와 콤비를 이룬 대표적인 작가인 산토 교덴은 사회 풍자와 비판을 드러내면서도 오락성이 짙은 기뵤시(그림 소설로 책 표지가 노란색이라 붙은 이름)라는 장르를 통해 일본의 옛 전설과 영웅담뿐만 아니라 당대 유행하는 인물이나 물건 등을 소개하는 책을 썼다. 또 다른 작가 사쿠라가와 지히나리는 특히 옛날이야기를 소재로 리메이크하는 작품을 많이 썼으며 그 안에서 가부키 팬덤을 드러내었다.

그림 소설 삽화가로 활동하던 에도 후기 화가들은 우키요에를 통해 더욱더 견고한 자신들의 작품 세계를 구축했다. 덴포 개혁이라는 규제에도 불구하고 우타가와 구니요시는 기존의 인기 제재였던 미인과 배우 그림에서 탈피하여 애니멀 콘텐츠를 활용한 다양한 우키요에의 세부 장르들을 만들어 낸다. 여기서 또 한 번, 일본 옛날이야기들은 패러디되고 캐릭터들은 재창조되어 새로운 아이템으로 등장한다. 달리 시각미디어가 발달되어 있지 않았던 이 시기에 우키요에는 다양한 장르의 기능을 대신하고 있었다.

그러나 사진이 발달하게 되는 등 근대 미디어들이 일본에서 자리잡기 시작하자 직접 손으로 새기는 판화의 방식을 거쳐야 하는 우키요에는 점점 설 자리를 잃게 된다. 그 마지막 족적에 있던 화가들이 구니요시와 그의 제자들이다. 그들은 이전에는 사용하지 않았던 소재들을 다양하게 우키요에로 옮겨 왔고 우키요에 또한 신문이나 게임 등의 기능을 더해 변모시켜 얼마간 그 생명력을 이어간다. 구니요시 동문들의 그림에는 일본 고전을 활용하여 다이내믹하게 묘사한 대작이 있는가 하면, 격동의 에도 말기와 메이지 초기를 거치면서 이국에 대한 호기심과 혼란한 사회 곳곳의 모습을 그린 것도 있다.

메이지로 접어들면서 일본은 갑작스레 근대화를 지향하며 에도의 흔적을 없애고자 하는 태도를 취한다. 이것은 마치 2차 세계대전의 패전국이면서도 미국을 적대시하지 않고 바로 순응적 태도를 취했던 양상과 어딘가 비슷하다. 대정봉환으로 일본의 왕에게 다시 권력이 이양되어 일본적인 것을 더 중시하며 전통 문화를 살릴 수 있었던 새로운 시대에 오히려 정치 세력들은 열강의 꿈을 꾸며 일본의 전통 색채를 지우기 시작했던 것이다.

따라서 출판업자·작가·우키요에 화가들이 꾸려놓았던 에도 문화는 근대화 물결 속에서 잊히다가 현대에 들어와 재조명을 받기 시작한다. 서양 인상주의 화가들이 발견한 우키요에의 예술적 가치가 뒤늦게 일본에서도 주목받기 시작했다. 각종 영화나 드라마에서 한모토와 작가들이 등장인물이 되고 다양한 에도 문화들이 애니메이션으로도 만들어지고 있다.

오늘날의 일본적인 것, 일본의 문화력을 논할 때 이제는 빠지지 않고 등장하는 것이 에도 후기 문화다. 그러나 에도 여행을 시작해 보면 그 안에는 레오나르도 다빈치의 모나리자와 같은 유일무이의 가치를 논할 만한 예술적 방식과 특징은 존재하지 않는다. 다만 그곳에는 한 가지 소스를 여러 번 이용하는 패러디의 특징이 발견된다. 감히 철학 용어를 빌려오자면, 에도 문화는 모방과 창조의 무한 반복을 통해 원본을 잊고 무수한 복제를 경험하게 하는 '시뮬라크르'의 성질을 보여준다.

특히 에도의 출판문화는 순간적으로 생성되고 사라지며 복제하는 시뮬라크르와 무척 닮아있다. 오리지널과의 상관관계를 따지지 않고 행여 오리지널이 존재한다 해도 유사(類似)의 개념으로 그것과의 관계에서 오는 가치에 큰 의미를 부여하지 않는다. 사본들의 사본, 상사(相似)와 상사들의 반복, 그 사이에서의 미묘한 차이들이 에도 문화를 점령하고 있다.

일본에서는 에도 시대만큼 오리지널이 아닌 것들이 당당하게 문화콘텐츠로서 생생하게 살아 움직이며 우위를 점령했던 적이 없다. 옛 전설이 연극으로, 그림책으로, 우키요에로 표현된다. 그러나 누구도 주인(patron)을 찾지 않는다. 눈앞의 작품으로서 표현되고 소비되며 즐긴다. 공통된 세계에서 형성되어 주인을 알 수 없는 패러디 작품은 장르를 교차하면서 일본 미디어믹스의 원형을 이루기 시작한다. 이 에도 시대의 패러디가 일본 문화의 시뮬라크르의 증거이다. 에도 후기 문화의 장은 시뮬라크르가 움직이는 시대였다. 서민들이 소비한 문화들이 판화방식을 통해 제공되었다는 기술적 측면이 한 요인이기도 하지만, 이미 문화 창작자들이 모방과 창조의 반복으로 일궈내는 결과물에 그 어떤 제약도 두지 않았기에 가능했던 것이다.

이 책을 통해 그러한 시뮬라크르의 증거들을 탐색해 보려 한다. 에도의 가상현실은 현대 일본 문화를 있게 한 작은 축소판이었다. 동일한 것으로의 수렴이 불가하고 거대해진 오늘날 일본 대중문화는 어쩌면 복제에 마침표를 찍을 수 없는 운명을 지닌 에도 문화의 지친 잔존물로서 존재하고 있는 것은 아닐까. 시뮬라크르 에도의 정체를 찾는 여행을 떠나보자.

목차

제1장 프로듀서 쓰타야에게 맡겨주세요

　나리타 공항에서 탑승 수속을 기다리며 잡지라도 구경해 볼까 하는 마음에 찾게 되는 서점이 있다. 이름은 TSUTAYA. 이곳은 공항이라는 특수한 장소에 위치해 있기에 여유로운 공간은 마련되어 있지 않지만 일본의 주요 도시 번화가에서는 좀 더 개성적인 TSUTAYA를 만날 수 있다. 이곳은 원래 비디오나 CD를 빌려주는 가게였으나 최근에는 서적 외에도 커피나 차를 마시며 쉴 수 있는 문화 공간의 성격을 띤 카페테리아로 변모하고 있다. 사람들은 다양하게 꾸며진 공간을 즐기며 아늑한 휴식을 얻기 위해 이곳을 찾는다.

　TSUTAYA를 일본어 발음으로 읽으면 '쓰타야'가 되는데 이는 한 사람의 이름에서 비롯된 것이다. '쓰타야 주자부로'가 그 주인공이며 일본 에도 시대에 활약한 출판인이자 교카 시인이며 간간이 소설도 쓰던 작가이다. 현대 일본인들조차 자신들이 자연스럽게 이용하고 있는 이 쓰타야 북카페가 그들의 역사 속 실존 인물이며 그가 어떤 사람이었는지에 대해 자세히 알고 있는 경우는 드물다.

일본의 근세 중 18세기 후반에서 19세기 초반은 그야말로 서민 문화가 일본 역사상 처음으로 가장 풍요롭게 피어났던 시기였다. 그러나 곧 뒤를 이은 메이지 시대의 급격한 근대화 바람은 에도 시대가 꽃 피운 문화의 역사를 그대로 보존하며 이어가는 것을 등한시했다. 이유는 하루라도 빨리 서양 열강과 같은 제국의 모습을 갖추고 싶어 했기 때문이다. 일본에서조차 에도 후기를 연구하는 에도 붐은 1970년대가 되어서야 겨우 나타난다.

에도 후기에는 가부키를 비롯한 공연문화의 인기와 유곽 요시와라에 대한 동경, 그 안의 인물들이 소재가 되어 활용된 구사조시와 같은 그림책 계열의 오락 소설이 발달하였다. 구사조시는 당시 지식층의 한학 서적에 대비되는, 서민들이 주로 즐겨 보던 대중적인 책이었다. 일반적인 구성은 지면에 그림과 글이 함께 배치되었는데 우키요에처럼 판화 제작 방식으로 만들어져 대량 생산이 가능해졌다. 이것이 대중적으로 널리 퍼질 수 있었던 요인이다.

쓰타야 주자부로는 이러한 에도 후기 출판문화를 이끌어간 한모토, 즉 출판사 사장이었다. 책을 출판하는 일 외에도 그는 오늘날의 프로듀서처럼 재능 있는 인재를 발견해 내기도 하고 신인들을 선별하여 기르고 데뷔시키는 일도 하였다. 이 과정에서 유행을 선도하고 유행을 만들어 내기도 하며 제작자와 소비자의 양쪽 모두의 주체가 되어 시대의 문화 코드를 읽고 또 앞서 나가는 역할을 했다. 쓰타야로 대표되는 이러한 한모토는 일본 문화 속에서 볼 수 있는 독특한 존재이다.

막부가 사회 전반에 걸쳐 실시한 규제 정책인 간세이 개혁으로 인해 쓰타야는 문화인 블랙리스트에 오른다. 가게의 재정적 타격은 물론 향후 창작 활동에도 암울한 미래가 예고되었지만 반골정신으로 무장된 그는 이전에 없던 파격적인 스타일로 우키요에를 그리는 화가 샤라쿠를 등장시키며 또 한 번 세상을 놀라게 한다.

에도 서민들에게는 '쓰타야 주자부로'라는 인물 자체가 믿고 즐기는 브랜드였으며 그는 에도 시중에서 걸어 다니는 광고였다. 오늘날의 우리들은 그가 다루었던 책과 그림들 그리고 당시 문인, 화가, 배우 등이 모인 사교와 문화 중심지인 '쓰타야 네트워크'를 살펴봄으로써 일본의 에도 후기 문화, 나아가서는 오늘날의 일본 미디어믹스 대중문화의 원류를 들여다 볼 수 있을 것이다.

1. 요시와라의 작은 책방

1656년 막부는 에도(지금의 도쿄) 시가지의 확충을 위해 시 중심에 있던 유곽 요시와라를 니혼바시에서 아사쿠사로 옮긴다. 전란의 시기가 끝난 에도 시대는 어느 정도 정비의 시간을 거친 후 인구 증가와 상업의 발달로 상인 계층이 부상하면서 그들이 활약하는 무대가 확장되고 있었다. 상인들의 윤택해진 삶은 요시와라와 문화적 측면에서 긴밀한 관계를 맺기 시작했다.

막부는 요시와라를 옮길 때, 원래 지역보다 부지를 넓혔고 야간 영업 금지를 풀었으며 이사 비용도 대주는 등 꽤 좋은 조건을 내걸었다. 순조롭게 이사를 끝내자 요시와라를 사교의 장으로 삼았던 문화인들의 무대도 자연스레 신요시와라로 옮겨갔다.

쓰타야는 바로 이 신요시와라에서 태어났다. 성장해서도 어디로 떠나지 않고 바로 이곳에서 책 대여점과 소매상으로 책방을 열었다. 당시 에도 서민들은 상업의 발달로 어릴 때부터 교육을 받아 기본적으로 글을 읽고 셈을 할 줄 알았다. 또한 책방에서는 판화기법의 출판 제작 방식으로 대량제작이 가능하게 되었고 이는 베스트셀러의 탄생을 가져온다.

특히 인기가 있었던 종류의 책으로 요시와라의 이모저모를 알려주며 평하는 '요시와라 안내서(吉原細見)'가 있었다. 오늘날로 비유하자면 페이스북이 최초에는 하버드 동문의 인물 평점을 매기기 위해 만들어졌던 것과 비슷하다. 쓰타야는 원래 이 시리즈를 출판하던 우로코가타야 서점의 일감을 나누어 맡게 된다. 그전까지는 요시와라에서 책을 빌려주는 조그만 책 대여점을 운영하고 있었지만 새롭게 시작한 안내서 작업은 유녀의 이동을 중심으로 유곽 안의 정보를 한데 모아 최신 데이터를 싣는 것이었다. 이곳 토박이로서 요시와라 사정을 잘 아는 쓰타야에게는 실로 안성맞춤인 일이었다. 새로운 정보를 업데이트 하는 일에 요시와라 안에 자리하고 있던 쓰타야만 한 가게도 없었던 것이다. 쓰타야는 책 대여점이라는 본업을 통해 얻을 수 있는 정보들을 요시와라 안내서 작업에도 맘껏 활용할 수 있었다.

요시와라 안내서는 일종의 유녀 명부이자 요시와라를 즐기기 위한 정보지의 성격을 지녔다. 현대 일본에서도 유명 관광지에 가면 각종 여행가이드, 안내 팸플릿이 곳곳에 배치되어 있다. 이러한 안내서는 특히 일러스트를 이용한 것이 많으며 내용이 굉장히 세세하다는 것이 특징인데 요시와라 안내서와 같은 에도 시대 출판물에서 그 시작을 엿볼 수 있다.

요시와라는 막부에 의해 공인된 유일한 유곽이어서 요시와라 안내서와 같은 출판물은 자유롭게 만들어졌고 꽤 인기를 끌었다. 이 책을 보면 각 가게에 어떤 유녀가 소속되어 있는지, 얼마를 내야 하는지 그리고 찻집이나 요시와라 소속의 게이샤 등에 대한 특별한 정보를 알 수 있다. 당시 유녀와 가부키 배우는 오늘날의 연예인과 같은 서민들의 동경의 대상이었기에 위의 정보들은 많은 사람들이 궁금해하는 내용이었다. 일 년에 두 번 정월과 칠월에 발행되는 것을 기본으로 그 사이에 간간이 개정판 등도 수시로 간행되었다.

쓰타야는 1776년 가을부터 요시와라 안내서를 본격적으로 출판한다. 이후 휴간 없이 계속해서 만들며 1783년에 드디어 독점 판매하게 된다. 이것은 대중들이 쓰타야가 출판한 안내서를 유독 즐겨 보았다는 뜻이다. 쓰타야는 정보 집약과 유통에도 압도적인 영향력을 지니고 있어 독점 판매의 출판사로 우뚝 설 수 있었다.

그런데 쓰타야는 본격적으로 요시와라 안내서를 제작하기에 앞서 그와 비슷한 책을 출간한 경험이 있었다. 『히토메센본(一目千本)』(1774)이란 책으로, 각종 꽃을 그려놓고 그 옆에 유녀의 이름을 적어놓은 것이다. 책 제목의 의미는 '많은 벚나무를 한눈에 바라볼 수 있는 곳'이란 뜻인데, 이 책 한 권으로 많은 미인들의 이름과 꽃을 구경할 수 있다는 데서 따왔다. 언뜻 보기에 유녀평판기와 일맥상통하는 것처럼 보이나 이 정보만으로는 그 좋고 나쁨을 판단하기가 쉽지 않아 제대로 평판의 기능을 갖추고 있다고 하긴 어렵다.

하지만 이 책에서는 꽃이나 새 등을 그려놓고 여백에 시를 곁들이는, 당시 에도 풍류인들이 즐겨 쓰던 방식을 활용하면서도 꽃이나 새 이름에 유녀의 이름을 패러디하여 색다른 평판기 스타일을 예고했다. 또한 이 책은 판매용이 아닌 증정품과 같은 성격으로 만들어졌다. 책방을 찾아온 단골손님에게 증정하거나 찻집 또는 기루(妓樓) 등에서 손님들이 가져갈 수 있도록 배치해 놓았다. 손님들에게는 단골 유녀를 찾아가면

받을 수 있는 형식으로 제공되었다.

쓰타야는 자신이 요시와라 공동체 내부의 사람이라는 유리한 점을 살려 책에 언급되는 장소와 관련된 업체로부터 출판 보조를 받아 안내서를 제작했다. 그는 자신이 잘할 수 있는 것을 일찌감치 알아차리고 적극적으로 활용해 당대 최고의 한모토로서 성공의 기반을 다질 수 있었던 것이다.

(자료1) 유녀평판기 『히토메센본』(위) ·
『청루 미인 모습 비교 모음』(아래)

평판기를 흉내 낸 『히토메센본』 이후, 실제로 요시와라 안내서 작업을 맡은 쓰타야는 『청루 미인 모습 비교 모음』(1776)이라는 작품을 제작한다. 이것은 기타오 시게마사와 가쓰카와 슌쇼라는 당대 최고의 화가 두 명을 투입하여 특별히 화려하게 만든 것으로 기획, 구성 및 서문까지 모두 쓰타야가 직접 담당하였다.

청루의 이름이 오른쪽 페이지 위에 적혀있고 그곳에 소속된 유녀들이 다양한 자태로 그려져 있다. 그림의 섬세한 정도나 색채의 화려함은 비싼 제작비와 질 높은 요시와라 안내서의 탄생을 알렸다. 그러나 쓰타야의 경영 방식은 『히토메센본』을 만들 때와 별반 다르지 않았다. 이 또한 요시와라 관계자들로부터 출자를 받아 선전을 맡았다. 제작에 도움을 준 가게와 유녀들의 모습들을 실어주는 방식으로 출판한 것이다. 요시와라라는 메커니즘을 에도 시중에 강하게 어필하는 수단을 요시와라 안내서를 통해 획득하였다. 쓰타야의 이 방식은 에도 후기의 각종 맛집 선전에도 그대로 활용된다.

쓰타야는 유곽 안을 돌며 책을 대여해 주는 일을 계속하는데 이는 단순히 책을 빌려주는 것만을 의미하지 않았다. 당시 요시와라는 일반 서민들이 접근하기에 그리 쉬운 장소가 아니었다. 돈을 모아 요시와라에 가서 한꺼번에 써버리는 것이 소원일 정도이고 유명한 유녀들과의 하룻밤은 만만치 않은 비용이 들었다. 그러나 이와는 별도로, 쓰타야는 책을 빌려주는 일로 유곽 내를 자유롭게 돌아다니며 정보를 얻을 수 있었던 것이 행운이었다.

책 대여는 빈번히 발품을 팔아 돌아다니며 하는 장사였다. 쓰타야와 유곽 내의 유녀 한 명 한 명 또는 그 가게, 그리고 찻집과의 관계가 밀접했으며 고급 정보를 입수할 수 있다는 것과 연결되었다. 쓰타야가 당시 제일 유명했던 서점 우로코가타야의 일을 이어받은 것도 스물다섯 살이라는 그의 젊은 나이도 한몫했겠지만 요시와라 사정을 잘 아는 사람이었다는 이유가 더 컸다. 요시와라에 뻗어있는 책 대여 업무로 축적된 유곽 내의 인간관계 그리고 정보망이 쓰타야에게는 둘도 없는 장사 밑천이었다.

에도 문화 제작 아이콘 쓰타야 주자부로의 활약은 이렇듯 요시와라의 작은 책방에서 시작되었던 것이다.

2. 걸어 다니는 출판브랜드

요시와라 안내서로 출판업계에서 입지를 굳힌 쓰타야는 당시 서민들이 가장 많이 보던 오락 소설 계열의 책, 구사조시 간행에도 주력한다. 현대 일본 만화의 원류로도 간주되는 기뵤시와 유곽의 에피소드를 그린 샤레본이 그 대표적인 두 종류의 책인데, 쓰타야는 이에 더해 당시 유행하던 교카를 매개로 한 교카 그림책과 수많은 니시키에[1]를 출판한다. 그의 손을 거친 작품들은 역사상 유려한 작품들이 많다. 이 책에서는 계속해서 그 예들이 소개될 것이다.

요시와라의 소규모 책방에서 시작한 지 십 년도 지나지 않아 쓰타야는 드디어 노포들로 가득한 거리 니혼바시로 진출한다. 경영 수단이 남달랐던 그는 이곳에서 예술을 보는 안목으로 창조적인 방식의 출판 활동을 계속하여 출판문화의 정수를 보여주게 된다. 탁월한 사업 수완은 그의 문예취미와 관계되어 많이 회자되는 편이나, 그가 남긴 작품 목록을 보면 상인으로서의 신중함 또한 엿보인다. 새로운 분야에 도전하며 영업의 폭을 확장할 때도 무난하지만 착실하게 계속해서 팔리는 교과서적 성격을 띤 왕래물 등의 실용서와 요시와라 안내서와 같은 정기 간행물을 차근차근 확보해 경영의 안정을 도모했다.

성실하게 정기 출판을 하면서도 돋보였던 점은 쓰타야가 인재를 보는 눈을 가진 상인이었다는 것이다. 세상 돌아가는 이치를 파악한 후, 기민하게 움직이며 미래를 예측하는 면이 있었다. 그가 길러낸 인재로는, 우키요에 화가 중에서는 당대의 유행을 선도한 우타마로와 시대를 앞선 유행을 예고한 샤라쿠가 있다. 가부키 배우와 유녀를 당시 서민들 취향에 딱 맞게 그려낸 그림이 우타마로의 작품이며, 파격적인 스타일로 당시 서민들에게는 생소했던 것이 샤라쿠의 작품이었다.

쓰타야의 인재 발굴은 당시 교카의 인기로 형성된 교카 모임을 통한 인적 네트워크에서 이루어졌다. 1783년에 즈음하여 에도에는 교카 붐이 일어나고 구사조시 작가, 학자, 가부키 배우 등 여러 분야의 유명 인들이 교카 모임에 참여하게 되는데, 쓰타야는 여기서 호세이도 기산지라는 초기 오락 소설의 대표 작가를 발굴하기도 하고, 당시 교카계의 우두머리

(자료2) 쓰타야 책방을 나타내는 마크(테두리 부분)

격인 오타 난포와 개인적 친우관계를 맺게 된다. 오타 난포는 당시 구사조시 작품들을 비평하는 일에도 관련되어 있어 문화계에 상당히 영향력을 가지고 있던 인물이었다.

쓰타야의 인맥은 이들과의 모임에서 넓혀져 가고 세상의 주목을 받게 된다. 교카 모임은 문단의 기능이 있긴 해도, 어디까지나 즐기는 놀이(오락)로서의 작품 활동이 대다수였다. 쓰타야는 교카와 관련해서 쓰타노 가라마루라는 다른 이름을 사용하며 일찌감치 이 대열에 합류해 있었기에 여기 모인 유명 작가들의 작품이 쓰타야의 책방을 통해 출판되는 일이 많았다.

쓰타야가 요시와라 안내서의 종류로서 『오엽송(五葉松)』을 출판할 때 권두의 서문을 기산지가, 권말의 발문을 오타 난포가

담당했고 아케라 간코라는 유명 교카 시인이 축시까지 써주었다. 교카 모임을 통한 쓰타야의 보폭을 확인할 수 있는 대목이다.

에도 출판물에는 일반적으로 출판업자 한모토를 가리키는 표시가 있었는데(자료2) 쓰타야의 상표는 단순히 표식 기능 이상의 의미가 있었다. 그의 출판물 뒤에는 쓰타야 주자부로라는 존재가 떠돌며 그곳에는 유행을 선도하는 분위기가 동반된다. 작품 속에서는 시대를 화려하게 연출하는 인간을 그리면서 동시에 쓰타야라는 가게를 능숙하게 인식시키는 것이다. 에도 출판 시장에서 책과 그림에 찍힌 쓰타야 상표는 브랜드적 가치가 더해졌다.

당시 에도의 문화를 주도한 미의식은 오늘날로 치면 여러 세상 물정에 교양이 풍부하다는 의미의 '통(通)'이었다. 대중소설과 교카의 결사도 애초에 그 '통' 의식의 산물이었다. 서로의 교류에서 이 의식을 만족시켜 주는 것이 중요했다. 이것을 위해 그들은 서로의 작품을 공유했다. 쓰타야와 같은 한모토가 이러한 무리 속에 단순한 상인이 아닌, 동료로서 신문예를 다루는 일원이었다는 것은 수반되는 광고 효과가 결코 적지 않았다는 것을 의미한다. 게다가 거기서 얻어지는 인맥에 의해 당시 최고의 작품들이 잇달아 간행되었다. 이리하여 베스트셀러를 만들어 내는 상표가 된 쓰타야 책방은 이제 쓰타야라는 인물과 동일시되며 쓰타야 자신은 당대의 걸어 다니는 브랜드가 되었다.

3. 쓰타야의 아이돌, 우타마로

쓰타야와 같은 가게는 주 소비층이 서민들이었기에 그때그때 유행을 따르는 상품들이 많았고 좋은 기획이 있으면 큰 이윤을 남기는 장사가 되었다. 따라서 출판업자들은 세간의 유행과 인기를 얻을 것 같은 아이디어를 찾는 것에 오감을 열어놓아야 했다. 이는 작가들도 마찬가지였는데 그들이 모이는 교카 모임은 이를 위한 좋은 장소였다.

출판업자 한모토 입장에서는 유행을 따르면서도 늘 다음 유행을 구상해야만 했다. 따라서 다른 한모토들 사이에서 기획 경합은 치열했다. 이 경합은 자연스럽게 작가나 화가들을 얼마나 자기 쪽으로 끌어들이느냐의 문제로 연결되었다. 사정이 이렇다 보니 아예 어린 나이 때부터 곁에 두고 아티스트를 키우는 쪽을 택하는 방식도 나타났다.

이러한 배경 속에 쓰타야가 선택한 인물 중 하나가 후세에 미인화의 대가로 알려지는 기타가와 우타마로였다. 당시 우타마로는 요괴화로 유명한 도리야마 세키엔 밑에서 그림을 배우고 있었다. 어느 날 세키엔이 교카 모임을 통해 쓰타야를 만났고 이후 그의 제자들을 소개해 주었다. 그 중에는 도라이 산나, 시미즈 엔주와 같은 작가들 그리고 포스트 우타마로가 되는 에이쇼사이 조키도 있었다.

쓰타야는 우타마로를 데려와 교카 그림책과 미인화, 이 두 종류의 그림에만 전념하게 했다. 당시 가장 융성했던 교카 관련과 서민들이 가장 좋아하는 그림 소재 중 하나인 아름다운 여인 그림, 이 두 가지에 특화된 화가를 길러내는 것이 우타마로에게 거는 쓰타야의 기대였다. 출판의 큰 두 가지 갈래 중 서적으로는 교카, 그림으로는 여인을 택했던 것이다.

많은 꽃과 새들을 세밀하게 묘사해야 했던 그림책 작업으로 다져진 우타마로의 관찰력은 여인을 보는 감각도 자연스럽게 고양시켰다. 우키요에 미인화는 우타마로를 기점으로 이전과 이후로 나누어진다. 우타마로 이전은, 여인을 꿈꾸는 듯한 비현실적인 순정만화 스타일로 그린 스즈키 하루노부와 이와는 또 대조적으로 장신의 늘씬한 미인들을 화면 가득 배치시킨 도리이 기요나가 풍이 일반적이었다. 극과 극의 분위기 속에 등장한 우타마로를 작가 시키테이 산바는 「우타마로, 오늘날 여인의 모습을 새롭게 바꾸어 놓다」라고 평했다.

도리이 풍은 1770년대부터 1780년 초반까지 크게 유행한 미인의 모습을 하고 있다. 일본인과 닮지 않은 굉장히 큰 키로 표현된 것에서 약간의 위화감이 들긴 해도, 기요나가는 이전 하루노부의 버들가지같이 연약한 소녀와 같은 여인의 모습에서 완전히 탈피하여 당당하고 아름답게 에도 여인들을 그려

냈다. 기요나가를 따라 많은 화가들이 도리이 풍의 여인들을 미인화의 교과서로 삼고 비슷한 아류작들을 만들어 내고 있던 상황이었다. 우타마로는 이것을 확 바꾸어 놓는다.

(자료3) 여인의 모습 비교 하루노부(좌)-기요나가(중)-우타마로(우)

가장 유명한 것은 1793년경에 나온 「간세이 세 명의 미인」이다. 장신의 늘씬한 여인들의 모습에 익숙했던 에도 서민들은 몸이 상반신만 남겨져 있고 뚝 잘려버린 그림 배치에 놀랐을 것이다. 게다가 어딘가 거리감이 느껴지는 요시와라 저 깊은 구석의 유녀가 아닌 바로 이웃에서 볼 수 있는 여인들을 그렸다. 심리적 거리감이 사라진 것이다. 우타마로가 그린 주인공들은 게이샤 도요히나(중앙), 료고쿠 지역 센베이 과자 가게의 딸인 오히사(왼쪽 아래), 그리고 아사쿠사 나니와 찻집의 오키타(오른쪽 아래)였다.

이전 미인화와 비교해 무엇보다 다른 점은, 여인들에게서 표정이 살아있고 그들만의 동작이 표현되었다는 것이다. 하루노부의 그림에는 여성과 남성이 의복 등의 단서를 통하지 않고는 거의 알아차릴 수 없을 정도로 비슷하게 그려져 마치 동성을 표현한 것 같은 느낌이 들 정도이고 기요나가 그림 속 여인들의 표정은 모두 비슷하고 변화가 없다. 그리고 늘씬한 키를 강조했기에 관람자의 시선은 멀리 떨어질 수밖에 없다. 거리감이 생기는 것이다.

반면에 우타마로의 여인들은 설렘, 기다림, 흥분, 개운, 권태, 천진난만, 조용한 분노 등의 감정들이 얼굴에 드러나 있다. 또한 동작들이 과장된 것이 없고 마치 무엇인가 하던 중에 사진을 찍은 것처럼 포착되어 있다. 이것이 동영상이라면, 클릭했을 때 스르륵 움직일 것 같기도 하다. 살아있는 느낌을 준다. 이후 「간세이 세 명의 미인」과 같은 구도의 다른 수많은 우키요에 작품들이 탄생하는 것은 물론, 이 주인공들 또한 다른 그림에도 단독으로 등장한다.

쓰타야가 우타마로의 미인화를 통해 구현했던 세일즈 포인트는 유녀만을 그린 미인화가 아니라 에도 시중의 여인들을 포함하여 일상생활에서 가까이 볼 수 있는 여인들을 화폭에 담게 했다는 것이다. 또한 익숙하게 받아들여지고 있던 기요나가의 전신상을 버리고 반신상을 선택했다. 그림에서 몸이 반 잘린 여인은 얼굴이 클로즈업되고 그곳에는 깊은 표정을 담았다. 또한 여인들을 아름답게 뒤에서 받쳐주고 있던 에도 풍경을 과감히 삭제하고 운모 가루를 뿌린 채 색과 질감만으로 표현한 마치 현대의 인테리어 벽지와 같은 배경을 선택했다. 실물 배경이 없어진 대신 여인들의 표정과 동작에 집중하였다. 생략된 배경 앞에 등장한 여인의 모습은 마치 스튜디오 장막 앞에 서서 카메라를 보고 포즈를 취하고 있는 것 같다.

서양 인상주의 화단은 우타마로의 바로 이러한 특징에 큰 영향을 받았다. 로트렉은 과감하게 화면을 나누었고 아무것도 없는 배경을 색채로만 채웠다. 고흐의 인물화도 상반신을 그린 것이 많으며 무엇보다 표정에서 자신의 느낌을 전달하려고 했다. 사실주의 풍경화가 주류를 이루던 시기에 인상주의가 선택한 이 방식은 획기적인 것이었다. 과감한 생략과 선명한 이미지, 이 두 가지는 우키요에가 갖는 대표적 특징이다.

한편, 쓰타야는 우타마로 미인화를 에도 관상학 붐과 연관시킨다. 1780년대 관상학이 유행하자 그 분위기에 맞춰 「부인 관상학 열 개의 모습」시리즈를 출판한다. 이것은 우타마로가 여러 여인의 모습을 그려놓고 각각 관상을 봐준다는 아이디어로 만들어졌다. 예를 들어, <바람기 있는 상>이라는 제목의 여인은 한 쪽 어깨에 옷을 늘어뜨려 어깨를 내어놓고 어딘가를 쳐다보고 있는데 눈빛이 마치 무언가 굉장히 재미있는 것을 발견한 듯 호기심이 가득하다. 사실 이 시리즈는 먼저 나온 「부인 관상학 열 개의 성격」의 형식을 패러디한 것인데, 전편에는 평범한 여인들의 일상이 그려져 있다.

① 「비드로를 부는 여인」　② 「담뱃대를 든 여자」　③ 「편지를 읽는 여자」
(자료4) 「부인 관상학 열 개의 성격」

　가장 유명한 것은 「비드로를 부는 여인」(자료4-①)이다. 먼 곳을 응시하며 비드로를 살짝 입에 대어 불기 시작할 것 같은 평상복 차림의 여인의 모습은 단출하면서 청량감을 준다. 「담뱃대를 든 여자」(자료4-②)에서는 유곽의 여인이 한 손으로는 담뱃대를 다른 한 손은 흘러내리는 옷을 다잡는데 가슴이 드러난 채로 슬픈 표정을 머금은 것이 어딘가 권태롭다. 「편지를 읽는 여자」(자료4-③)에서는 편지를 얼굴 가까이 대고 아주 무서운 눈을 한 채 읽고 있는 여인이 그려져 있다. 이와 같은 그림 스타일이 고스란히 「부인 관상학 열 개의 모습」에도 사용되었다.

　쓰타야는 관상학 유행을 그림에 도입하고자 이미 있던 시리즈의 틀에 내용을 관상학과 관련된 것으로 바꾸었는데, 이것이 전편보다 인기를 끌었다. 이처럼 쓰타야는 새로운 오리지널을 탄생시키기도 했지만 그것을 무색하게 만들 또 다른 패러디를 만드는 데에도 뛰어났다. 이를 위해 기술 장인으로 목판을 파는 호리시(掘師), 색채를 입히는 스리시(摺師), 밑그림을 그리는 화가 그리고 이야기를 만드는 작가 일체를 쓰타야 출판 시스템에 갖추고 있었는데, 이러한 자원을 바탕으로 기민하게 유행을 주도하는 확고한 우위를 차지할 수 있었다.

쓰타야는 비교적 늦게 니시키에 사업을 시작했는데 초기 작품들은 거의 모두 우타마로의 니시키에였다. 우타마로의 미인화는 수많은 시뮬라크르를 탄생시켰고 그것은 오늘날에도 계속되고 있다. 흔히 볼 수 있는 일본 거리의 서민 음식점에 오히사가 걸려있으며 고풍스러운 가게에 비드로를 부는 우아한 여인이 현대적 컴퓨터 그래픽 색채로 장식되어 있다. 간혹 한국의 일본식 음식점에서도 볼 수 있다.

우타마로는 화가로서 명성을 얻자 쓰타야의 그늘에서 벗어나 자신의 이름만으로 작품을 낸다. 그러나 우타마로가 떠났다고 해서 쓰타야가 주저앉는 일은 없었다. 스타 시스템을 이용하면서도 그는 한 명에게만 의지하지 않았다. 쓰타야 팀은 우타마로가 떠난 공석을 채울 기동력을 충분히 갖추고 있었고 이제 쓰타야의 안목으로 새로운 아티스트를 찾아내기만 하면 되었다.

4. 샤라쿠는 누구인가

우타마로가 쓰타야와 결별할 즈음해서 새롭게 쓰타야의 간판 우키요에 화가로서 활동한 인물 중에 도슈사이 샤라쿠가 있다. 그는 쓰타야에 의해 전격 캐스팅되어 불과 10개월 정도에 140여 점의 작품을 남겼는데, 이것은 오직 쓰타야에서만 출판되었다. 오랫동안 샤라쿠에 대한 것은 '쓰타야 전속 화가', '짧은 활동 기간', '완전 새로운 가부키 배우 그림' 등의 한정된 정보뿐이었다.

그도 그럴 것이 당시 문화인들은 교카 모임을 중심으로 여러 군데에 걸쳐서 그 이름들이 발견된다. 산토 교덴 만해도 어느 곳에서는 화가로, 어느 곳에서는 작가로 또는 상인으로 알려져 있다. 쓰타야의 경우도 교카 모임 주선자, 책방 주인, 구사조시 작가 등의 여러 다른 '분인(分人)'이 있었던 것이다. 그러나 샤라쿠의 경우는 오직 '우키요에 화가'로만 알려져 있다. 교카 모임 등의 기록에서 찾아볼 수 없어 일본 호사가들은 '과연 샤라쿠는 누구인가'라는 화두로 교양 다큐멘터리를 만들고 관련 책을 펴내곤 했다.

하지만 가만히 그 속을 들여다보면, 정작 이 현대 시점에서 샤라쿠가 누구였다는 팩트는 그다지 중요하지 않아 보인다. 그가 호쿠사이든 교덴이든 도요쿠니든 그 누구의 주장도 이 일을 도화선으로 삼아 우키요에의 가치를 높이려는 숨은 의도보다는 중요하지 않아 보인다. 오늘날 지중해 어딘가에서 샤라쿠의 스케치가 갑자기 발견된다거나 일본에 없는 작품이 등장하면 또다시 미디어에는 샤라쿠를 내보내고 그의 작품들이 분석된다. 결국, 미디어는 샤라쿠는 누구인가 하는 호기심 자체가 필요한 것이다.

그렇다면 샤라쿠는 어떤 그림을 그렸을까. 쓰타야에서 미인화로 말할 것 같으면 우타마로, 그리고 가부키 배우 그림은 샤라쿠였다. 당시 우키요에에서 가장 인기 있는 인물 소재가 미인과 가부키 배우였고 우타마로도 샤라쿠도 이전의 유행을 답습하지 않았다는 점에서 공통점이 있다. 새로운 유행의 가치를 창출한 쓰타야의 안목은 지금도 인정할 만하다.

한 사람의 화가가 작업의 처음부터 끝까지 혼자서 그림을 완성하는 것이 아니라, 한모토의 기획 아래 협업으로 만들어졌기에 최종 작품에는 모든 과정을 감독하는 프로듀서 한모토의 의도가 다분히 들어있으며 한모토가 원하는 아이디어와 방향이 작품의 생사를 쥐고 있다고 해도 과언이 아니었다. 물론, 오랜 시간 많은 작품을 함께 한 작가라면 한모토와 대등한 위치에서 작품에 대한 건설적인 논의를 할 수 있었을 것인데, 작가로는 기산지나 교덴 정도가 그 위치에 있었다.

따라서 짧은 활동기간을 고려하면, 샤라쿠는 다른 문화인과 얽혀 있는 자가 아닌 오직 쓰타야에서만 일한 화가이며 그의 그림은 쓰타야의 기획 작품이다. 우타마로처럼 어느 동문에서 배우고 있던 사람을 데리고 와 길러낸 것이 아니었다.
쓰타야의 주문대로 샤라쿠는 그림을 '만들어 냈다'고 볼 수 있
다. 샤라쿠의 그림은 어떠했을까. 우선, 샤라쿠의 가부키 배
우 그림도 우타마로가 미인들의 몸을 가로로 잘라 얼굴 위주
로 화면에 배치했던 것과 비슷하게 상반신 또는 가슴에서 위
쪽으로만 클로즈업해 그린 '오쿠비에(大首絵)' 스타일로 유명하다.

(자료5) 가부키 배우 그림 비교 슌쇼(좌)·샤라쿠(우)

　샤라쿠 그림에는 가부키의 드라마성이 두드러지게 표현되
어 묘한 긴장감을 주고 있다. 이전 화가들이 배우들 옷에 가
문(家紋) 표시나 의상 등으로 인물을 지정한 것에 비해 샤라쿠는
이런 것에 의존하지 않고 배우의 연기와 표정을 살리는 방식으
로 누구인지를 알아차리게 했다. 따라서 전신으로 표현되던 배

우들이 리얼한 얼굴 중심으로 바뀌게 된다. 이것뿐만이 아니다. 샤라쿠의 그림은 선이 아주 가늘다. 가쓰카와 슌쇼나 슌코도 배우들의 '초상화'인 니가오에(似顔絵)의 특징을 살린 부채 그림으로 유명한데 이들 그림의 외곽선은 검고 굵다. 이와 달리 선이 가는 샤라쿠의 그림은 얼굴 표정에 더욱 집중하게 만든다.

샤라쿠는 이 니가오에를 자신의 전문으로 특화시키는데, 그는 얇은 선에 연한 먹선으로 윤곽을 잡아 의복의 선이나 가문 표시가 그림 감상에 방해가 되지 않도록 한다. 이로써 관람자의 시선은 어디까지나 배우의 표정에 머무르게 된다. 니가오에 스물여덟 점으로 화가로서 첫 데뷔를 한 당시, 너무나 리얼한 표정과 전신이 아닌 클로즈업된 화면 속의 배우 그림은 에도 서민들에게는 충격적으로 다가왔다. 가부키 배우들은 오늘날의 인기 연예인과 같아서 에도 서민들은 거짓 과장을 해서라도(포토샵을 해서라도) 최대한 그들의 멋진 모습만을 보고 싶어 했기 때문이다.

샤라쿠의 그림 속 배우들의 사실적인 표정, 주름, 심지어 가부키에서 여자 역인 '온나가타'(女方)[2]가 실제 배우의 성별인 남자로 보일 정도이니 큰 화제는 되었을지라도 소장용으로 절찬리에 판매되었다고 보기는 어렵다. 쓰타야 책방에 가서 집에 걸어 놓고 항상 볼 그림으로 우타마로의 우아한 미인 그림과 곧 칼이라도 빼어들 것 같은 난봉꾼의 배우 그림 중 하나를 골라야만 한다면 일반적으로는 전자의 그림을 선택할 것이다. 물론 아닌 사람도 있겠지만.

그래서인지 샤라쿠는 오히려 미디어를 통해 다양한 감각을 체험하는 현대인들에게 더 잘 통하는 화가가 되었다. TV와 영화 등의 다양한 영상에 익숙한 현대인들에게는 샤라쿠의 니가오에 스타일의 그림이 전혀 어색하지 않다. 언젠가 만화나 애니메이션에서 본 듯한 익숙한 그림이다. 샤라쿠는 그림의 소재로 에도의 인기 배우를 선택한 것이 아니라 그 배역의 인상을 그림에 담았다고 할 수 있다. 따라서 배우의 위상에 좌우되지 않는 무심함이 엿보인다.

①

②

③   ④   ⑤

(자료6) 샤라쿠 그림의 다양한 얼굴 표정

게다가 샤라쿠가 현대인들에게 어필되는 요소 중 하나는 그가 그린 가부키 배우 얼굴에 묻어난 비애감이 느껴지는 표정들이다. 역병으로 인한 슬픔(자료6-①), 악인의 표정에서 느껴지는 허무함(자료6-②), 운명에 희롱당한 온나가타의 여성 특유의 깊은 서러움(자료6-③) 등이 주(자료6-④)·조연(자료6-⑤)을 가리지 않고 표현되어 있다. 삶의 한 부분을 연기하는 배우들의 얼굴에서 순간적으로 포착한 인상. 살아간다는 것은 서글픈 것이라는 것을 말해주고 있다. 샤라쿠의 마음 속 깊이 잠재해 있던 삶에 대한 약간은 어두운 태도가 그림에 투영되었고 이러한 점은 배우가 멋지기만 바라던 에도 서민들보다 현대인들의 눈에 더 잘 포착되었다고 본다.

샤라쿠의 새로운 우키요에 스타일은 에도 서민들에게 자극은 되었으나 큰 인기를 끌지는 못했다. 활동 후반기에는 자신만의 개성을 포기하고 이전 배우 그림 스타일로 회귀해 서 있는 배우의 전신을 그리기 시작했고 그림의 선도 굵어졌다. 좀 더 팔리는 그림으로 만들기 위한 쓰타야의 자구책이었을까. 하지만, 클로즈업된 얼굴은 아니지만 조그맣게 표현된 얼굴에서도 샤라쿠만의 얼굴 인상은 여전히 그대로 표현되어 있다. 니가오에에서 벗어났지만 표정과 동작에서 주는 힘은 샤라쿠의 것임을 분명히 알려주고 있다.

다시 '샤라쿠는 누구인가'로 돌아가 보자. 학계에서 샤라쿠는 '아와(阿波)의 노가쿠시(能樂師) 사이토 주로베이'라는 것이 정설로 자리 잡고 있는 편이다. 먼저 에도 시대 자료로, 시키테이 산바가 「샤라쿠, 도슈사이라는 호(號)로 에도 핫초보리에 살았다. 불과 반년 정도 밖에 활동하지 않았다」고 언급한 것, 에이쇼사이 조키가 「샤라쿠는 아와 번의 가신으로 이름은 사이토 주로베이라고 한다」, 사이토 겟신이 「이름은 사이토 주로베이, 에도 핫초보리에 산다. 아와 번의 노야쿠사(能役者), 호는 도슈사이」라고 기록한 것이 있다.

특히 조키의 경우, 우타마로의 뒤를 이어 쓰타야에서 활동한 화가였으므로 시기적으로 활동 기간이 샤라쿠와 겹치니 그와 알고 지낸 것이 분명하다. 비슷한 시기에 활동한 짓펜샤 잇쿠의 작품에도 샤라쿠의 이름이 들어간 연이 그려져 있어 조키와 잇쿠는 샤라쿠와 서로 알고 지낸 사이였을 것이다. 메이지 이후, 여러 특정 유명인의 가명설이 제기되었으나 에도 문헌은 모두 사이토 주로베이를 가리키고 있다.

샤라쿠는 무사의 신분으로서 화려한 그림을 금지한 간세이 개혁 직후에 가부키 배우를 그린다는 것은 대놓고 할 수 있는 일이 아니었을 것이며 업무가 비번일 때 에도에서 잠시 머물렀다고 치면 한모토도 여럿을 거칠 수 없었을 것이다. 1997년에는 호코지(法光寺) 절에서 주로베이의 과거장이 발견되었다. 1820년 3월 7일 58세로 세상을 떠났고 법명까지 남겨져 있었다.

'샤라쿠는 누구인가'는 이제 답을 찾기 위한 물음이 아니라, 우키요에 붐을 일으킨 요소로 재해석되는 것은 어떨까. 샤라쿠 문화현상을 일으킨 우키요에에 대한 관심은 영화 <샤라쿠>(1995)를 탄생시켰다. 그러나 이 영화를 보다 보면 샤라쿠보다도 장면마다 계속 등장하는 다른 한 사람이 더 신경쓰인다. 바로 한모토 쓰타야 주자부로이다. 이에 '쓰타야는 도대체 누구인가' 하는 새로운 호기심이 발동된다. 영화의 주요 등장인물에 모두 연결되어 있는 유일한 존재이기 때문이다.

영화는 쓰타야가 우타마로를 우키요에의 거장으로 만들고 결별하게 되는 서막에서 샤라쿠를 발견해내어 데뷔시키는 과정, 그리고 중간 중간에 산토 교덴과의 교류, 짓펜샤 잇쿠와의 만남 등 당시 에도 문화의 면면을 속속들이 보여준다. 마지막에는 쓰타야의 죽음과 장례 장면으로 끝나는 이 영화는 제목과 달리 '쓰타야'가 실제적인 주인공인 것이다.

5. 블랙리스트와 말로

간세이 개혁으로 에도 출판문화 업계에는 먹구름이 드리워진다. 쓰타야의 말로도 이와 무관하지 않았다. 풍속문란을 단속한다는 명분으로 이전 시기까지 화려하게 피어나던 에도 문화는 잠시 주춤하게 된다. 쓰타야의 경우도 교덴의 샤레본 세 권이 출판 금지 처분을 받게 되어 본인은 재산 절반이 몰수되고 교덴은 50일 동안 손이 묶이는 처벌을 받게 된다. 출판에 관련된 공무를 맡았던 두 명은 추방을 당한다.

쓰타야의 영업 정지와 에도 최고의 베스트셀러 작가인 교덴의 활동 정지는 책방들의 자숙 모드를 더욱 암울하게 했다. 금지된 책 중 하나는 요시와라의 밤의 세계를 그린 것이 아니라 '낮의 일상'을 그린 책으로, 이전까지 샤레본이 다루어왔던 내용과 달랐는데도 오히려 출판 금지되었다는 것이 이상한 점이다. 막부가 최고의 한모토와 작가를 개혁의 본보기로 삼은 것이 분명하다. 샤라쿠의 경우도 쓰타야에게 닥친 이러한 최악의 경영 분위기 속에서 등장했기에 더 이상 빛을 보지는 못했다.

쓰타야는 마흔 일곱의 나이에 세상을 떠났다. 국학자이자 교카 시인이었던 이시카와 마사모치는 쓰타야의 무덤에「재치 넘치고 작은 일에 연연해하지 않고 사람을 대할 때는 신실함이 있었다」라는 비문을 남겼다. 메인스트림컬처(국학)와 서브컬처(교카)를 두루 아우른 당대 학자의 문장에서 쓰타야 일생의 활동의 폭이 가늠된다. 현대 일본으로 넘어와 겨우 인정받기 시작한 에도 작가 기산지와 교덴도, 오늘날 그 이름이 계속되는 우키요에 화가 우타마로도 샤라쿠도, 돌아보면 그 많은 작품들에는 쓰타야라는 기획자가 있었다.

한마디로, 쓰타야 주자부로라는 인물은 시뮬라크르 에도 문화를 가능케 한 장치적 인물이자 그 한 가운데를 관통한 존재였다.

제2장 오락 소설 아이디어의 시대

　한모토와 작가 그리고 화가들이 한데 모여 당시 유행을 평하고 새로운 유행을 만들어 내던 일본 에도 문화의 두드러진 특징은 이 책 전반에 걸친 주제, 시뮬라크르를 만들어 낸다는 점이다. 흔히 복제나 패러디라는 말로 표현되나 생성과 향유 방식에서 단순히 한두 편의 패러디가 아닌, 다양한 방식으로 복제가 이루어지고 있는 것을 에도 시대 출판물에서 발견할 수 있다. 오리지널의 단순한 모방만 있었다면 흥미를 유발할 수 없었을 테지만 문화 살롱에 모인 예술인들은 '창조적 모방'을 위한 궁리에 골몰했다.

　이 궁리는 쉽게 말하면 새로운 '아이디어'다. 똑같은 것을 가지고 어떻게 또 다른 '재미있는 것'을 만들어 내느냐 하는 이것이 가장 중요한 문제였다. 거기에는 오리지널이 누구의 것인가 하는 등의 문제는 전혀 고려의 대상이 아니었다. 저작권의 개념이 아직 존재하지 않았다. 아이디어의 성공은 원작의 인기를 능가하기도 하고 또 다른 유행을 창출하기도 했다.

이러한 다양한 아이디어의 예를 발견할 수 있는 것이 당시 '게사쿠'란 명칭으로 통용되던 오락 소설이었다. 오락 소설에서는 일단 가장 많이 활용할 수 있는 '스토리'가 존재했다. 옛날 전설을 비롯하여 어린이들을 위한 옛날이야기, 일본 문학 특유의 모노가타리(物語)[3]들, 그리고 연극 관련 문화가 있었고 이런 장르들은 수많은 이야기들의 보물창고였다.

시뮬라크르 에도 문화가 대중문화로 성장할 수 있었던 가장 탄탄한 기반이 된 요소는 바로 이 이야기들이었다. 먼저 알고 있던 이야기는 에도 서민들이 그것의 변형과 패러디로 탄생된 오락 소설을 제대로 즐길 수 있는 밑바탕을 제공해주었다. 이것은 당시 일종의 교양과도 같은 역할을 하였다. 많이 아는 사람이 더 많이 이해하고 즐길 수 있다는 것이다.

비교적 생명력이 짧았던 당대의 유행들을 오늘날의 우리가 모두 정확하게 파악할 수는 없겠지만, '스토리'와 관련된 모방과 창조는 비교적 그 뿌리를 찾기 쉽다. 이야기의 추적을 위해 일본의 옛 전설을 하나 선택해 에도 시대를 관통하며 어떠한 시뮬라크르를 만들어 갔는지 지금부터 다루어 보고자 한다.

1. 두 남매의 전설, 그림책이 되다

미조구치 겐지 감독의 영화 <산쇼다유(山椒大夫)>(1954)로 세상에 알려진 일본의 옛 전설이 있다. 헤이안 시대부터 쓰가루, 사도, 단고, 에치고 등의 일본 각지에서 다양한 버전으로 구전되어 오던 「안주·즈시오 이야기」가 그 모체인데, 간략한 줄거리는 다음과 같다.

안주와 즈시오는 후쿠시마 현과 미야기 현에 영지를 갖고 그 지역을 다스리던 아버지와 어머니 그리고 유모와 함께 살고 있었다. 그러던 어느 날, 아버지가 모략에 빠져 실각한 후 멀리 규슈로 귀양을 가게 된다. 남은 가족들은 한동안 친척 집에서 지내다가 그곳에서 더 이상 살 수 없게 되자 아버지를 찾아 먼 길을 떠나게 된다. 제대로 된 교통편도 없던 시절에 어린 아이 둘과 여자 두 명의 여행길이 평탄할 리 없다. 가까스로 니가타 현 나오에쓰까지 왔을 때, 한 비구니의 거짓 친절에 속아 인신매매꾼에게 팔리게 된다. 어머니는 사도가시마로, 안주와 즈시오는 단고로 팔려 가는 생이별을 하고 유모는 이 과정에서 물에 빠져 죽는다. 이후, 두 남매는 산쇼다유 밑에서 고된 노비 생활을 하게 된다. 참다못해 누나인 안주는 즈시오를 탈출시키고 자신은 죽고 만다. 즈시오는 고쿠분지 절로 도망쳐 살아남게 되고 이후 교토 조정에 직소하여 아버지의 명예를 되찾고 벼슬을 얻게 된다. 이후, 단고 산쇼다유를 찾아가 복수하고 사도가시마로 떠나 그곳에서 장님이 된 어머니와 재회한다.

그러나 이 줄거리도 미조구치 영화를 근거로 한 것이며 헤이안 시대, 에도 중기, 에도 후기의 다양한 장르에서 만들어진 산쇼다유는 내용들이 조금씩 다르다. 특히 안주의 죽음의 대목이 그러한데, 옛 전설에서는 신격화가 되어 죽어도 살아나기도 하고 에도 중기에는 잔인한 고문을 당해 죽는 것으로 되어 있고 근대로 들어와서는 스스로 목숨을 끊는 것으로 변화한다.

이렇게 안주·즈시오 이야기가 구전되어 오다 에도 시대에 들어와서는 오락 소설 종류의 그림책으로 다시 부활한다. 귀로만 듣던 이야기가 처음으로 그림이 들어간 종이 '인쇄물'의 형태로 옷을 바꿔 입는다. 이 무렵 판화 방식으로 제작되던 그림 오락 소설은 대량생산 및 다수의 독자를 만들어 내는 대중문학의 서막을 알리는 것이었다.

게다가 오리지널 이야기를 그대로 전승하기 위해 제작되는 종류에 더하여 서민들에게 '팔리는' 책으로 만들기 위해 많은 사람들이 알고 있는 이야기가 필요했고 그것을 비틀어 재미있고 새로운 내용으로 다시 만드는 것이 중요했다. 에도 중기부터 나타난 산쇼다유 패러디 작품들도 이러한 특징을 담고자 한 흔적이 엿보인다.

먼저, 오락 소설의 초기 장르인 검은 표지 책이라는 뜻의 구로혼에서 산쇼다유 이야기가 재현되었다. 에도 시대 가장 인기 있었던 책은 노란 표지 책이라는 뜻의 기뵤시였는데 구로혼은 이 기뵤시의 전신이다. 따라서 기뵤시만큼 선이 세련된 그림이나 복잡한 내용으로 이루어지지는 않았지만 작가의 아이디어가 가미되면서 패러디의 기운이 드러나기 시작한다.

먼저, 구로혼『유라 항구의 산쇼다유』(1751~63년 중 추정)가 있다. 서민교화 목적의 창도 문학 셋쿄(説経) 산쇼다유의 내용을 바탕으로 그림을 삽입시켜 오락 소설 장르로 새롭게 탄생했다. 지역적으로는 안주와 즈시오가 팔려간 단고 지역의 전승 내용과 비슷하며 그림의 수준은 어린이용이다. 인신매매꾼 야마오카와의 만남, 어머니와의 이별, 산쇼다유에게 팔려가는 일, 노비로 일하는 남매의 고된 생활, 탈출 실패로 맞이하는 수난, 이후 즈시오의 탈출과 복수 및 어머니와의 재회 등은 단고의 안주·즈시오의 전설과 흡사하다.

줄거리의 충실한 답습은 어린이들에게 오랫동안 내려오던 전설을 전승하려는 목적이 분명하다.『유라 항구의 산쇼다유』는 글을 읽지 않고 그림만 훑어보아도 '아하, 이거 산쇼다유 이야기구나'라며 독자가 알 수 있을 정도다. 따라서 글에 그다지 비중을 두고 있지 않지만 기존의 전설이 그림과 함께 제공되어 시각적 효과를 일으키며 대중문화 미디어의 태동을 알렸다는 점에서 중요한 의의를 갖고 있다.

한 가지 흥미로운 장면은, 안주와 즈시오의 고된 노역을 마을 사람들이 불쌍히 여겨 몰래 조금씩 도와준다는 사실을 알게 된 산쇼다유의 셋째 아들 사부로가 분노하여 말을 타고 마을 곳곳을 돌며 사람들에게 협박하는 것인데, 이 장면은 약 40년 후 사쿠라가와 지히나리의 기뵤시 『산쇼다유 이야기』(1795)에서 패러디된다.

내용면에서는 크게 달라진 것이 없지만 지히나리의 작품은 글과 그림의 비중이 거의 동등하며 당대 최고의 우키요에 화가인 우타가와 도요쿠니와의 협업으로 훨씬 수준 높은 작품으로 탄생되었다. 지히나리가 『유라 항구의 산쇼다유』와 같은 구로혼을 참고하여 자신만의 산쇼다유를 보다 세련된 작품으로 만들어 냈다고 볼 수 있다.

패러디된 또 다른 구로혼 『늙은 신랑』에서부터 산쇼다유의 스토리 변형이 일어나는데 주군과 가신을 빗댄 새로운 인물 설정이 가미된다. 주인공에도 변화가 있어 두 남매의 아버지인 마사우지를 주군으로 하는 마쓰야마라는 신하가 설정된다. 마쓰야마는 금전을 좋아하여 주군의 돈을 마음대로 써버려 추방당한다. 떠돌아다니던 중에 인신매매꾼들로부터 단고 유라의 항구에 '우즈마키 할멈'이라는 큰 부자가 남편을 원한다는 이야기를 엿듣고 흰머리로 변장한 후, 우즈마키 할멈의 남편이 되는 데 성공한다. 이때부터 그는 산쇼다유라는 이름으로 등장한다. 『늙은 신랑』 이전에는 산쇼다유가 아닌 안주·즈시오를 중심으로 한 이야기가 주를 이루었다. 그러나 『늙은 신랑』에서는 가신인 마쓰야마라는 인물이 등장하며 그가 다시 산쇼다유로 변한다는 복합적인 인물설정이 시도되었고 이야기도 오리지널과 다르게 전개된다. 구체적으로 살펴보면 다음과 같다.

흰머리로 변장한 산쇼다유(마쓰야마)는 유라의 항구에서 노예로 일하고 있던 안주가 사실은 자신의 주군이었던 마사우지의 딸이라는 것을 알고 그녀를 구하려고 한다. 그러나 안주와 이야기를 나누는 모습을 우즈마키 할멈에게 들키고 질투에 휩싸인 그녀는 안주를 죽이고 만다. 자신의 죄를 뉘우칠 길을 찾던 산쇼다유는 도망친 즈시오를 도와주기로 결심하고 이를 위해 우즈마키의 돈을 훔치려고 한다. 그러나 발각되어 저지하려는 우즈마키를 목 졸라 죽인다. 이후 산쇼다유는 즈시오에게 돈을 전달하기 위해 길을 나서나 도중에 인신매매꾼인 사도의 지로와 미야자키의 사부로에게 습격당한다. 이 습격에서 지로와 사부로는 죽고 다유는 깊은 상처를 입어 움직일 수 없게 된다. 마침 그때, 이와키의 가신 히라다테 고로가 길을 지나가다 이를 발견하게 되고, 다유는 천 냥의 돈을 고로에게 건네며 즈시오와 뒷일을 부탁한다. 돈으로 죄를 범하고 돈으로 그 죄를 뉘우치는 가신이자 산쇼다유였던 마쓰야마의 최후였다.

이 버전에는 적어도 기존 산쇼다유 이야기에 나오는 인물들의 '이름'만은 모두 등장하지만, 산쇼다유도 지로도 사부로도 새로운 역할을 맡고 있고 이야기도 딴판이 되었다. 주인공부터가 '마쓰야마'라는 인물을 새롭게 만들어 산쇼다유 역인 이중 캐릭터로 설정했으며 그가 마사우지의 부하였다는 점과 죄를 뉘우치고 은혜를 갚는다는 내용도 무사 중심 사회인 에도의 사회 분위기를 반영하기 위한 것이다.

또 다른 패러디 구로혼『우토 이야기』는 한술 더 떠 산쇼다유 이야기에 '이로(色)'를 가미시킨다. '이로'는 일본 근대의 '연애'라는 말이 사용되기 이전에, 에도 시대 때는 정을 주고받는 것들을 의미하나 주로 육체적인 사랑을 가리키는 말로 사용된 말이다.『우토 이야기』에는 주군의 아내를 탐하는 가신이나 안주를 술시중 상대로 희롱하는 산쇼다유, 그리고 즈시오를 남색의 대상으로 삼는 사부로 등이 등장하고 있기에 기존의 이야기와 비교해 보면 상당히 파격적인 인물의 설정과 스토리의 변형이 이루어졌다. 구로혼이 점점 성인을 대상으로 한 기뵤시의 장르로 넘어가고 있다는 것을 방증해주는 자료로 해석될 수도 있지만 어쩌면 당시 에도 풍속을 그대로 보여주는 예일 것이다.[4]『우토 이야기』에서도 주군과 가신의 설정이 등장하며 또 한 가지, '금전'에 대한 문제가 제기되는 것이 새로운 점이다. 주군의 돈을 마음대로 쓴 가신이 할복함으로써 죄를 뉘우치는 장면이 있는데 '충'이라는 개념과 '돈'이라는 문제가 에도 서민들의 삶에 중요한 의미를 지니고 있었기에 당세를 패러디한 이야기 속에도 삽입되었던 것이다.

이와 같은 산쇼다유 이야기의 변형은 시뮬라크르의 시작에 불과했고 폭발적인 독자를 형성하게 되는 기뵤시에서 더욱더 다양하고 무한한 패러디의 세계로 뻗어가게 된다.

2. 닭의 해(己酉)니, 이런 것은 어떤가

1789년은 기유년으로 닭의 해였다. 일본에도 십이지(十二支)가 있는데 돼지 대신에 멧돼지가 들어가 있는 정도로 구성은 조금 달라도 우리나라와 마찬가지로 중요하게 여긴다.

기뵤시는 주로 정월에 출판되어서 초기 구사조시부터 새해를 맞이하여 복을 비는 성격의 선물로도 이용되었다. 오락 소설 중, 기뵤시는 그림 수준이 초기 구로혼에 비해 무척 높아졌고 무엇보다 내용과 소재가 매우 다양해져서 많은 사람들이 즐겨 읽는 책 중 하나가 되어 가고 있었다.

쓰타야 주자부로는 닭의 해를 맞아 산토 교덴과 도리이 산나라는 걸출한 작가에게 '닭'과 관련된 기뵤시를 내어 줄 것을 부탁한다. 가끔 기뵤시의 맨 앞장이나 뒷장에 쓰타야와 같은 한모토가 등장해(실제로 그는 자주 등장한다), 출판에 골머리를 앓고 있으니 부디 이러이러한 내용의 재미있는 책을 만들어 달라고 작가에게 부탁하는 장면이 그려져 있다. 마치 마블 시네마틱 유니버스(MCU)의 감독이나 원작자가 실제 영화에 카메오로 출연하듯 말이다.

한모토의 부탁을 받은 교덴과 산나와 같은 작가들은 이때부터 아이디어 창출에 골머리를 앓는다. 작품 안에는 그러한 고민이 표현되어 있는데, 때로는 책상에 엎어져 자다가 꾼 꿈이 그대로 기보시 작품이 되기도 하고 좋은 아이디어를 잉태하는 약을 조제해 먹기도 하는 내용이 작품에 그대로 실린다. 독자들이야 한 번 재미있게 읽으면 그만이지만 작가들의 고심은 이만저만한 게 아니었나 보다.

교덴은 구로혼『늙은 신랑』에서 즈시오가 도망칠 때, 새벽에 우는 상상 속의 닭(金鷄, 일본어 발음이 긴케이)이 크게 울어줘 문이 열려 탈출할 수 있었다는 에피소드에서 착안해 『아아, 대단하다 긴케이』(1789, 이하 『긴케이』)를 내놓는다. 『에도 바람둥이 이야기』(1785)라는 기보시 최고 히트작의 발표 후 베스트셀러 작가가 된 교덴은 1789년에도 20여 편의 기보시를 출판하는 등 왕성한 활동을 이어간다. 그런데 그 와중에 간행한 『긴케이』는 출판 의도가 조금 독특하다.

우타마로의 교카 그림책에도 등장하는 당시 실존 인물 '긴케이'라는 사람을 『긴케이』에 직접 등장시켜 당시 최고의 인기 작가 교덴이 '홍보성' 작품을 쓴 것이다. 유명 작가가 군이 실존 인물을 끌어와 자기 작품의 주인공으로 했다는 것이 억지스러워 보이나 에도 출판은 앞서도 이야기했듯이 한모토의 목적 아래 이루어지는 공동 작업이라는 것이 다시 한 번 분명해진다.

　기뵤시로 만들어진 『긴케이』는 처음부터 줄곧 긴케이의 교카 시인으로서의 뛰어남과 유곽 등지에서 품위 있게 행동하는 교양있는 모습을 담는 등, 산쇼다유와 전혀 상관없는 이야기로 흘러가다 막판에 하룻밤 묵기 위해 찾아간 곳에서부터 산쇼다유와 관련된 무대가 펼쳐진다. 사실 당시 독자들은 '긴케이'라는 이름에서 산쇼다유를 연상할 수도 있었을 테지만 시치미를 떼고 아닌 듯 흘러가다 의외의 갑작스러움을 주는 것은 기뵤시를 읽는 즐거움 중 하나였다.

　안주와 즈시오 일행이 하룻밤 묵을 곳을 찾다 비구니의 속임수에 빠져 인신매매꾼들에게 팔려간 오리지널 스토리와 비슷하게 긴케이도 교카 수행을 마치고 여행길에 오른다. 로드무비가 시작된 것이다. 그 여행 중, 하룻밤 머물 장소를 찾는 장면에서 산쇼다유 세계로 들어올 수 있기 때문이다. 어렵사리 찾은 곳은 바로 즈시오를 도와준 상상 속의 닭(긴케이)이 '오상'이라는 이름을 가진 아리따운 여인으로 변신해 머물던 전설 속 산쇼다유의 집이라는 설정이다.

　오상과 하룻밤을 보낸 긴케이는 오상의 아버지인 산쇼다유에 의해 위험에 처하게 된다. 이에 오상이 닭으로 변하여 긴케이를 구해주며, 「풍류를 잃어버려서는 안 될 것이다」라는 말을 남기고 사라진다. 이것은 교덴이 이 작품의 결말을 내리기 위해 선택한 마무리(落ち)[5]이다. 모든 것이 꿈이었고 모든

여정의 풍파가 끝난 마지막에 긴케이는 담뱃대를 물고 인생무
상의 시를 읊으며 본연의 삶으로 돌아온다.

(자료7) 『아아, 대단하다 긴케이』 중

시종일관 실존 인물 긴케이를 자랑하다 갑자기 산쇼다유의
세계를 차용하며 관련 인물인 오상이 등장, 악한 산쇼다유로
부터 위협당하고 오상의 활약으로 구원받고 결국 모든 것이
꿈이었다는 결말은 해피엔드를 추구하는 기뵤시에서 종종 볼
수 있는 방식이긴 하다. 풍류에 대한 찬사는 오락 소설 아이
디어 뱅크였던 교덴치고는 조금 밋밋한 결말일 수도 있으나
당시 교카의 인기를 반영하는 것으로 해석할 수 있다. 물론

한모토의 기획 의도를 거부할 수 없었던 것도 이유 중 하나일 것이다.

한편, 전체가 아닌 부분적인 인물 설정을 통해 산쇼다유를 패러디 한 방식은 도라이 산나의 경우도 마찬가지였다. 산나는 닭으로 의인화시킨 오상을 등장시키며 또 다른 산쇼다유 패러디인 『일곱 번째 십이지기』(1789, 이하 『십이지기』)를 발표한다. 이 작품은 십이지를 이용하여 등장인물을 배우처럼 표현하여 연극성을 풍부하게 살린 것이 특징이다.

산나는 교덴의 작품에 등장한 오상과 같은 유래와 이름을 가진 '오상'을 표기 한자만 다르게 하여 출연시킨다. 『십이지기』에는 산쇼다유뿐만 아니라 일본의 다른 옛날이야기들도 같이 섞여 있는데, 오상이 다른 이야기의 주인공들과 함께 모험담을 펼치게 된다는 것이 산나의 아이디어였다. 산나도 교덴도 이 오상이라는 인물을 '시골 아가씨 또는 밥 짓는 하녀의 이름을 갖고 있으나 얼굴은 아름답다'는 식의 평을 하고 있는데, 산쇼다유의 세계를 빌려오기에 어쩔 수 없이 이 이름을 쓰게 되었다는 변명 아닌 변명을 독자들에게 하고 있다. 교덴의 『긴케이』도, 산나의 『십이지기』도 모두 쓰타야의 주도 하에 이루어졌던 협업작품이라는 것은 이 두 작품 모두 그림을 우타마로가 담당한 것으로 보아 더욱 명백해진다.

산나는 1793년에 다시 한 번 독자적으로 산쇼다유 패러디물을 내어 놓는데 『부모자식 재회의 동전 돌고 돌기』(1793, 이하

『동전 돌고 돌기』)라는 작품이다. 쓰타야와 교덴이 고초를 당한 간세이 개혁으로 인해 잠시 절필했던 산나의 재기작이다. 산쇼다유 전설을 빌려 쓰되, 에도 시대의 화폐 동전인 시몬센(四文錢)·미미시로제니(耳白錢)·즈쿠센(銑錢)을 주요 등장인물인 어머니·안주·즈시오로 각각 의인화시켜 모험담을 전개한다. 『십이지기』가 판타지적 성격의 상상의 세계를 펼쳐보였다면, 『동전 돌고 돌기』는 그에 비해 에도 사회의 배경과 당시의 생활양식 등이 상세히 그려져 있어 현실적이다.

인간에서 변신한 동전들은 뿔뿔이 흩어져 에도의 큰길가에서 상량식의 뿌리는 돈인 마키센(撒錢)으로 사용되거나, 액땜을 위해 바다에 던져지는 등 전국 각지를 떠돌며 여러 사건에 휘말리게 된다. 그 후, 마침내 그들은 산쇼다유 전설의 결말처럼 사도가시마에서 재회하게 된다. 여기서도 에도 사회를 움직인 돈의 문제와 이와 관련된 에도 풍물과 관습을 보여주었다.

이 작품에서 산나가 내린 마무리를 시몬센의 대사에서 확인할 수 있다. 「구멍('아나')만 있다면 부모 자식 세 명 같이 자고 살 수 있을 것이야」의 구멍을 뜻하는 일본어 '아나'는 물론 동전을 연결하는 구멍이지만, 「사물의 본질('아나')을 꿰뚫어보다」라는 또 다른 말에서도 사용될 수 있는 것처럼 에도 패러디 본연의 정신을 잃지 않고 살아가고자 한 산나의 작가로서의 다짐을 에도식 말장난을 통해 엿볼 수 있다. 산나는 재기와 함께 이전에 교덴과 함께 닭의 해에 썼던 산쇼다유 패러디

작품을 좀 더 자신만의 작품으로 구체적으로 진화시켜 다시
한 번 패러디 정신을 살리고자 했던 것이다.

3. 재탕 권하는 사회

오락 소설 아이디어를 이야기할 때 교덴을 빼놓을 수 없는
이유는, 기뵤시라는 미디어를 가장 잘 활용하여 대중들의 사
랑을 받았던 작품들이 많기 때문이다. 교덴은 쓰타야와 일하
던 기타오 시게마사의 문하생으로 '기타오 마사노부'라는 이
름을 습명받고 그 밑에서 그림을 배우고 있었다. 에도 시대
예술가들은 장르에 따라 자신의 이름을 달리하는 경우가 많았
다. 교덴의 경우도 작가일 때는 산토 교덴, 화가일 때는 기타
오 마사노부라는 이름을 사용했다. 그러다 화가 기타오 마사
노부의 이름으로 낸 『잘 알고 계시는 상품들』(1782)이란 작품
이 대히트를 치며 당시 문화 살롱 계의 수장 오타 난포에게
굉장히 좋은 평을 얻는다. 이 일을 계기로 작가로서의 재능을
깨달은 교덴은 본격적으로 오락 소설 작가의 길로 들어선다.
『잘 알고 계시는 상품들』의 등장인물은 모두 책이나 그림
등의 출판물들이다. 예전에 인기가 있었던 책, 새롭게 대중들
의 사랑을 받는 책, 우키요에의 여러 종류들, 그리고 오래된
고전까지 모두 의인화되어 등장한다. 그리고 모든 이야기는

우키요에 화가 기타노 마사노부가 앉아서 졸고 있는 가운데 그의 꿈속에서 펼쳐진다는 설정이다. 이 책 안에서 교덴이 보여주는 에도 출판 미디어들을 통해 우리는 책들이 만들어지던 시절의 에도라는 도시 그리고 활기찬 서민 문화의 분위기까지 엿볼 수 있다.

이 작품 이후 에도 유행을 보여준 것의 정점은 앞서 소개한 『에도 바람둥이 이야기』라는 작품을 통해서이다. 에지로라는 실제 인물을 빌려와 엔지로라는 우스꽝스러운 호색 망상가로 다시 탄생시켰다. 부잣집 외동아들인 엔지로는 멋진 연애의 주인공이 되어 각종 소문을 내고 싶어 하고 멋진 가부키 배우가 하는 행동은 모두 따라해 보고 싶어 한다.

그러나 가진 것은 돈밖에 없어 나쁜 친구들의 꾐에 쉽게 빠지기도 하고 비운의 주인공이 되기 위해서 돈을 지불하면서까지 해서 자발적으로 얻어맞기도 한다. 교덴은 문신하기, 화려한 등불 주문하기, 맨발로 참배가기, 결혼 사기 행위, 신문 팔기 등 당시 에도의 유행과 풍속을 작품 속에 고스란히 녹여놓았다. 작품 속에 엉뚱하게 그려진 엔지로의 코는 작가 교덴과도 동일시되며 엔지로 열풍을 일으켰다. 인기에 힘입어 이 작품은 속편도 제작되고 엔지로 인물 풍자로 또 다른 패러디들을 탄생시켰다. 원래 화가였던 교덴이 그림도 직접 그렸던 것이 내용을 한층 더 재치 있게 잘 살려주었다.

한편, 엔지로처럼 가명이 아니라 대놓고 인물홍보를 한 케이스가 앞서 본 『긴케이』였다. 긴케이는 가라고로모 깃슈의 제자로 교카 시인으로 활동하던 사람이었는데 긴케이라는 이름은 같은 교카 시인인 헤즈쓰 도사쿠가 지어주었다. 이처럼 깃슈, 도사쿠, 교덴 등 유행을 주도하던 사람들 틈에서 긴케이란 자가 오락 소설로도 탄생되었다. 그가 얼마나 훌륭한지 과장되어 작품 속에 드러나 있는데 아마도 이러한 출판의도는 쓰타야의 교카 모임 활동과 무관하지 않을 것이다.

산쇼다유의 세계와 긴케이를 이중으로 활용한 교덴은 거기서 끝나지 않았다. 패러디에 패러디를 거듭하던 오락 소설에서 교덴은 또 다른 아이디어를 내었다. 바로 '판화'라는 제작 방식을 이용하여 '재탕 작업'에 착수한 것이다.

교덴은 『긴케이』를 내놓은 이듬해 1790년, 이 작품의 판본을 그대로 이용하여 다른 이야기를 만들어 낸다. 그림 부분은 그대로 두고 글 부분만 나무를 깎아 모두 지우고 새로운 내용을 삽입하여 다시 찍어낸다는 것이다. 이것이 『복을 부르는 웃음의 소나무』(1790, 이하 『웃음의 소나무』)의 탄생이다. 『웃음의 소나무』는 페이지를 넘기지 않는 선에서 각 그림마다 짧은 콩트와 같은 이야기 11개로 구성되어 있다. 각각의 제목은 「화가」, 「산속의 집」, 「와카 쓰는 종이」, 「먹물 그리는 돈」, 「담배이야기」, 「고래」, 「어린 승려」, 「여행하는 승려」, 「어린 유녀」, 「배고픈 정월」 그리고 「담배」이다.

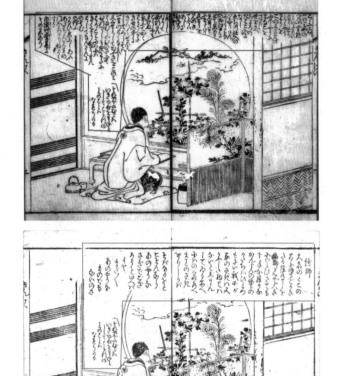

(자료8) 『긴케이』(위)・『웃음의 소나무』(아래),
같은 그림이지만 내용 부분(테두리 안)이 달라졌다.

　장면 각각의 '내용 부분'이 원래 작품이었던 『긴케이』와 완
전히 달라졌다. 첫 번째 에피소드만 보더라도, 구구절절 긴케

이를 호평하던 내용에서 세상 물정 모르고 잘난 척하는 지식인 부류를 조롱하는 내용으로 바뀌었다. 어린 유녀 에피소드에서도 원래는 긴케이와 오상이 첫눈에 반해 사랑을 나누던 장면이 유곽에서 어린 유녀가 손님으로 온 젊은 의사에게 일당을 많이 쳐달라는 현실적인 이야기로 바뀌었다. 공교롭게도 긴케이도 역시 교카 시인이 되기 전 직업이 의사였다. 이렇듯 전작의 간행목적 즉, 인물홍보를 위해 사용되었던 기뵤시의 특성을 환기시켜주면서도 다른 태도로 은근히 이전 작품을 비꼬는 분위기마저 감돈다. 사람들이 이 장면을 통해 전작을 한 번 더 떠올리게 됨은 두말 할 나위가 없으나 교덴의 의도는 과연 긍정적이기만 한 것이었을까. 바뀐 내용은 지극히 현실적이다.

그런가 하면, 『긴케이』에서 목숨을 구하는 클라이맥스였던 장면은 「배고픈 정월」이란 제목으로 구두 전승되던 산쇼다유 전설의 내용을 그대로 실어 놓아 이것은 또 난데없이 평범한 이야기가 되어버렸다. 그림과도 전혀 관련성이 없다. 독자들의 상상력에 기댄 것일까. 이런 엉뚱함은 기뵤시 감상의 재미이긴 해도 가끔은 야유로 받아들여졌을 것 같기도 하다. 하지만 언제나 그렇듯 처음과 끝은 작가의 의도가 확실히 드러난 구성으로 마무리된다. 「화가」로 시작한 이야기가 「담배」로 끝나고 있다. 이것은, 바로 화가이면서 담뱃갑 등의 소품 가게를 운영하던 '교덴' 자신의 홍보나 다름없다.

지난해 이미 유행한 기뵤시, 낯익은 그림이 그려진 장면에 새로운 이야기가 단편으로 실려 있어 독자들에게 호기심을 불러일으킨다는 방식은 오늘날로 말하면 거의 표절 수준이다. 그러나 에도 문화는 이 잇따르는 복제 속에서 창작자의 '아이디어'가 가미되기만 한다면 여전히 대중으로부터 사랑받는 시뮬라크르가 생성될 수 있는 풍토가 형성되어 있었다. 신선한 복제를 허락하는 분위기였던 것이다.

야마구치 다케시는 교덴의 이 재탕 작업에 대해 '무대는 같지만 배우가 바뀌어 연극도 다른 것이 되었다'라고 평했다. 오히려 익숙한 무대라는 점이 독자들의 마음을 사로잡은 것이 아닐까.

교덴의 『웃음의 소나무』는 작가와 독자가 교감하는 방식을 보여준 것이다. 작가는 원하는 바를 관철 또는 실험하고 대중들은 거기서 즐거움과 흥미를 느낀다. 재탕 작업이 부정적인 것만이 아닌, 다시 한 번 또 잘 팔리는 대중적인 상품이 될 수 있다는 당시 에도 문화의 시뮬라크르적 특징을 여실히 보여주는 작품이다.

에도 시대는 시뮬라크르의 정당방위가 성립되던 시기였다. 에도 작가들의 서로에 대한 무한한 관용과 발랄한 재기가 부러운 시점이다.

4. 스토리는 살아있다

간세이 개혁 이후, 필화 사건 그리고 쓰타야의 죽음으로 에도 문화계는 위축된다. 특히 기뵤시의 쇠퇴가 두드러지는데, 이전처럼 에도의 유행이나 유곽을 소재로 한 화려한 이야기를 직접적으로 사용하지 못하게 된 것이 주된 원인이었다. 쇠퇴기에 들어서는 옛날이야기를 그대로 전하는 초기의 방식으로 돌아가거나 당시 유행하기 시작하던 복수물의 성격을 띤 것들이 주를 이루었다. 이 두 가지는 막부의 통제하에 비교적 안전한 콘텐츠였던 것이다.

스토리 회귀는 소규모로 모여 이야기를 만들고 나누던 문화예술 모임인 '이야기 모임(咄会)'의 부흥을 이끌었다. 이야기 모임의 주선자였던 사쿠라가와 지히나리는 기뵤시가 이전의 매력을 잃고 쇠퇴하기 시작한 이 시기에 '스토리'를 위주로 하되 가부키 배우를 그림에 적극적으로 투입하여 그나마 에도 독자들의 마음을 달랬던 작가 중 한 사람이다.

그 예로, 지히나리 역시 산쇼다유 전설을 이용한 기뵤시 『산쇼다유 이야기』(1795)를 간행하였는데 그는 독자들에게 해학과 수수께끼를 던지며 재치와 변형의 기지를 발휘하던 이전의 기뵤시 작가와는 조금 다른 길을 걸었다. 우선, 지히나리의 『산쇼다유 이야기』는 교덴이나 산나처럼 당시 유행을 선보이는 기뵤시가 아니라, 단고 지역에 내려오던 안주·즈시오 전설을 그대로 복원하고 있다. 수많은 패러디가 넘치던 오락 소설계에서 스토리를 중심으로 다시 한 번 오리지널에 집중하였던 것이다.

지히나리가 스토리를 중시한 것은 그가 몸담고 있던 이야기 모임의 성격이 기뵤시에도 투영된 것이다. 지히나리는 이를 통해 기뵤시 이전의 교화 목적의 셋쿄와 초기 구사조시의 내용을 이으며 이후 일본 근대 소설에도 영향을 끼치는 작품을 탄생시키는 길을 이끌었다.

교덴이나 산나와 같은 작가의 패러디는 동시대성으로 공감할 만한 내용들로 가득차 있기에 당시 작품을 읽는 독자들에게는 굉장히 즐거운 것이 될 수 있으나, 오늘날의 독자들로서는 이해하기 어려운 그리고 해독하기 어려운 요소들이 간간이 존재한다. 그런 의미로, 기본 텍스트에 충실한 지히나리의 작품은 역사 속에서 이야기의 흐름을 들여다 볼 수 있다는 점에서 반가운 일이 아닐 수 없다.

『산쇼다유 이야기』에서 지히나리는 보통 작자의 의도가 들어있는 서문을 어린이들과의 대화문 형식으로 꾸몄다. 감동적인 이야기를 해달라는 아이들의 요구에 작자는 "산쇼다유라는 애처로운 이야기를 어린 시절 들은 그대로 그림과 곁들여 이야기해 주겠어요."라고 답한다. 작품 마지막 페이지에는 작가의 이름이 쓰여 있고 '작(作)'이라는 글자가 적혀있는 것이 보통인데, 지히나리는 이곳에 '사(寫)'라고 기입해 놓았다. 자신의 작품이 아니라 옛 전설을 그대로 전하겠다는 의지가 엿보인다.

반면에 지히나리가 오락 소설 작가로서 아이디어를 낸 곳은 이야기 부분이 아닌 그림 부분이었다. 산쇼다유의 주인공 격인 안주와 즈시오를 부각시키지 않고, 이 스토리에 등장하는 야마오카 다유라는 인물을 가부키 배우 이치카와 단주로의 모습으로 표현했던 것이다.

지히나리와 자주 협업하던 화가는 당대 최고의 우키요에 화가이며 커다란 동문을 이끌고 있던 우타가와 도요쿠니였다. 따라서 가부키 배우 그림에 능한 도요쿠니는 우키요에 등장하던 배우들의 모습 그대로의 동작과 표정을 기뵤시 안에서도 그려낼 수 있었던 것이다. 화려한 배우의 모습과 색채 사용이 규제되고 있었기에 흑백으로 인쇄되는 기뵤시는 그나마 감시망을 피해갈 수 있었고, 동시에 이러한 가부키 배우 모습의 그림 삽입은 배우들을 보고 싶어 하던 독자들에게는 기쁨을 안겨 주었을 것이다.

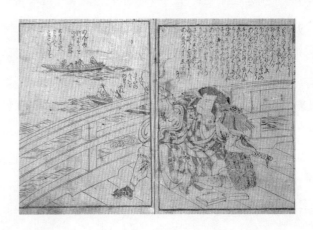

(자료9)「산쇼다유 이야기」중, 가부키 배우 모습을 삽입한 주요 장면

한편, 지히나리의 『산쇼다유 이야기』의 구성은 이전 초기 구사조시 『늙은 신랑』과 『우토 이야기』와 상당히 흡사하다. 앞에서도 사부로의 말 탄 모습에 대해 언급한 적 있지만, 그 외에도 야마오카의 인물 설정이 주군의 돈을 써버리고 나중에서야 은혜를 갚는 『늙은 신랑』과 『우토 이야기』의 등장인물인 마쓰야마와 스가고모의 캐릭터와 유사하기 때문이다. 그것을 지히나리는 가부키 배우로 각색했을 뿐, 이야기 전개는 전설을 바탕으로 한 그대로의 것이었다. 이렇게 되니 스토리의 관점에서 산쇼다유의 전승은 구전-셋쿄-초기 구사조시-지히나리의 오락 소설 그리고 근대소설로 이어지는 계보가 타임라인 위에 그려진다. 바로 모리 오가이의 역사 소설 『산쇼다유』(1915)로 이어지는 것이다.

오가이는 자전적 소설 『이타·섹스아리스』(1909)에서 자신이 살던 기숙사는 책방 출입이 자유로워 교덴이나 바킨의 작품을 거의 전부 읽었다는 고백이 있다. 여기서 오가이와 구사조시의 접점을 확인할 수 있다. 산쇼다유 전설은 일본의 각 지역에서 구두 전승되어 온 이야기라 사실 생성 당시부터 이미 다양한 버전으로 존재해 왔다. 다시 말하면, 반대로 우리가 알지 못하고 버려진 이야기들도 많다는 것이다. 지히나리와 오가이가 산쇼다유 이야기 중 공통적으로 다룬 장면이 있고 그것을 다른 에도 작가들이 다룬 바 없다면, 오가이에게서 지히나리의 영향성을 완전히 배제하지는 못할 것이다.

오가이의 『산쇼다유』와 지히나리의 『산쇼다유 이야기』에서 우선 발견되는 공통점은 이전에는 그리 부각되지 않았던 안주와 즈시오 오누이의 정이 구체적으로 표현되기 시작했다는 것인데, 특히 남매의 이별 장면을 예로 꼽을 수 있다.

"누나가 말하는 것을 듣지 않으면 남매도 아니야" 라고 안주가 말하자, 즈시오는 반대하지 않고 어찌할 도리 없이 계곡의 물을 손에 담는다. 이것이 남매의 이별주였다. 울며 울며 굽이굽이 산길로 멀어져 간다. (지히나리 『산쇼다유 이야기』)

"자, 산기슭까지 같이 갈 거니까, 서둘러."

　　남매는 서둘러 산을 내려갔다. 발걸음도 이전과 달리, 누나의 굳은 마음이 넌지시 동생에게도 전해져 왔다.

　　샘물이 솟는 곳에 도착하였다. 누나는 도시락 통에서 그릇을 꺼내, 물을 퍼서 담았다. "이것을 너의 여행을 위한 축배로 삼을게." 이렇게 말하며 한 모금 마시고는 동생에게 건넨다. 동생은 그릇에 든 물을 다 마신다. "그럼, 누나, 몸조심하고 잘 지내요. 사람들 눈에 띄지 않게 나카야마까지 갈게요." (오가이 『산쇼다유』)

　　이처럼 언제 다시 만날 수 있을지 기약 없는 이별을 앞두고 계곡의 물을 손에 담아 이별주로 마시는 것과 샘물의 물을 그릇을 꺼내 퍼서 이별주로 삼는 이 장면을 두 작가는 똑같이 선택했다. 안주와 즈시오의 이별 의식을 통해 한층 더 두터운 오누이의 정이 느껴지도록 그려낸 것이리라. 이별주는 전통적으로 존재하던 의식이었지만 산쇼다유의 안주와 즈시오 사이에서 이를 다룬 에도 오락 소설은 지히나리 외에는 없다.

　　스토리를 그대로 쓰면서 소설적 특색을 보인 지히나리는 앞선 기뵤시들과는 확실히 다른 방향을 취하고 있다. 지히나리와 같은 스타일의 기뵤시가 이후 장편화되며 고칸이라는 장르가 탄생하고 메이지 이후 근대 소설로 이어지게 된 것이다.

　　오가이의 산쇼다유는 미조구치 겐지가 원작으로 삼았다는 점에서 매우 중요한 의미를 가지고 있다. 미조구치의 영화로 인해 일본에서만 머물렀던 일본의 옛날 전설이 국제영화제를 통해 전 세계적으로 알려졌기 때문이다. 물론 오가이의 원작을 미조구치가 그대로 사용한 것은 아니며 그도 나름의 새로운 산쇼다유를 탄생시켰다. 다만 안주의 죽음을 '자살'로 가장 먼저 표현한 쪽은 오가이이며 이는 미조구치 영화에서 가장 애절하고 슬픈 장면으로 체념의 일본 미학의 정점을 보여 주었다.

이렇게 우리가 사는 시대까지 살아남은 일본의 옛 전설. 그것을 오리지널로 활용한 미조구치의 이 유명한 영화도, 그리고 이 영화가 가져온 파급력도 모두 에도 문화 속에 떠다닌 수많은 시뮬라크르들, 즉 수많은 모방과 창조가 있었기에 가능한 이야기였다.

5. 스타워즈식 흥행을 꿈꾸다

짓펜샤 잇쿠는 에도 후기 골계본이란 장르에서 두각을 나타낸 작가이다. 대표작 『도카이 도보여행기』 시리즈의 대히트로 유명해지기 전에는 쓰타야 주자부로, 산토 교덴 등과도 교류가 있었다. 그는 많은 작품을 쓰는 작가로 유명했는데 일본에서 '글'만 써서 생계를 유지한 최초의 작가로도 알려져 있다. 그림과 글 모두 능통해서 다양한 작품을 자유자재로 펴낼 수 있었던 교덴 같은 작가도 있었지만 그림에는 재주가 없어 글만으로 승부를 보는 잇쿠나 교쿠테이 바킨 같은 작가들은 기뵤시가 장편화된 고칸의 장르에서 더욱 재능을 발휘할 수 있었다. 시기적으로도 에도 대중문학의 후발 주자였던 그들은 에도 말기에 이르러 더욱 왕성한 활동을 펼쳤다.

그중 잇쿠의 산쇼다유 패러디에는 오늘날 〈스타워즈〉 시리즈로 유명한 프리퀄 방식이 활용된 작품이 있다. 산쇼다유 전설 정도면 대중들도 익히 알고 있고 앞선 선배 작가들의 패러디 작품들도 있으니 분명 자신도 또 다른 산쇼다유물을 내면 인기를 얻을 것으로 예상했을 것이다. 다만 그대로의 패러디는 에도 서민들에게 통하지 않을 것이니 잇쿠는 여기에 당시 유행하던 '복수물'로서의 성격을 강하게 덧입힌다. 요컨대 산쇼다유 전설의 초반, 안주와 즈시오 일행이 여행을 떠나야만 했던 이유를 그에 앞선 시간에 펼쳐진 '복수'의 결과로 설정한 것이다.

잇쿠의 『더하기 산쇼다유』(1802)는 산쇼다유 전설의 '이전 이야기'를 다루며 주군인 마사우지를 배신한 가신 마사타다를 주인공으로 하고 있다. 마사타다는 조정과 마사우지 사이를 이간질하여 마사우지를 멀리 귀양보내버리고 그 자리를 자신이 차지한다. 그는 권력을 향한 탐욕에 그치지 않고 마사우지의 부인(기타노카타)에게도 끊임없이 욕망을 드러낸다. 안주와 즈시오의 어머니는 마사타다에게 하룻밤을 허락하는 척하며

상대를 방심하게 만든 뒤, 기회를 노려 미리 공모하여 숨어있
던 유모 우바타케와 함께 마사타다를 습격, 복수에 성공한다.

(자료10) 『더하기 산쇼다유』 중, 마사우지의 실각(위)・기타노카타의 복수(아래)

그리고 이어지는 이야기는 일반적으로 알려져 있는 산쇼다유 전설의 내용과 비슷하게 흘러간다. 주군인 마사우지를 배신하는 가신들은 초기 구사조시와 지히나리 작품 등에서도 등장했으므로 새로운 것은 아니나, 마사우지의 실각을 꽤 자세하게 다루고 있고 특히 어머니의 복수극은 다른 작품에서 볼 수 없는 것이다. 보통 산쇼다유에서 '복수극'이라고 하면 즈시오가 탈출한 뒤 다시 산쇼다유 일당에게 돌아와 그와 일가족을 처단하는 것으로 인식되는 것이 일반적이기 때문에 더해진 프리퀄의 내용은 패러디 속의 새로운 요소이다.

현대에도 영화든 소설이든 드라마든 어떤 작품이 유명해지면 속편을 제작하거나 프리퀄을 만든다. 오리지널에서 뻗어나가는 방향은 다르나 이것은 오리지널이 '인기작'일 때만 가능한 프로젝트이다. 프리퀄을 만드는 것은 더욱 그러하다. 등장인물의 과거사를 다루어 본편을 더욱더 진지하게 하며 사건의 빈틈에 이해를 더하는 것은 대중들의 요구가 감지되어야 진행시킬 수 있는 성격의 것이기 때문이다.

현대 블록버스터 히어로물들이 이 방식을 종종 취하는데 영화사에서는 <스타워즈> 시리즈가 가장 유명하다. 에도 서민문학에서도 교덴의 유명한 캐릭터 엔지로 등은 속편들로 만들어졌지만 잇쿠처럼 시간을 거슬러 올라가 이전 단계의 이야기를 하는 방식은 흔치 않았다. 잇쿠의 기획이었을까. 유행에 맞춰 복수극이 필요했던 잇쿠의 아이디어로 나온 이 산쇼다유 패러디는 묘하게 현대 미디어 속 시뮬라크르들을 연상시킨다.

어머니 기타노카타와 유모 우바타케는 에도 시대 버전의 '블랙위도우'였을까. 잇쿠가 무릎을 칠 노릇이다.

제3장 애니멀 콘텐츠는 에도 시대부터

오늘날은 인간뿐만 아니라 다양한 존재들이 미디어의 주인 공이 되고 있다. 외계인, 히어로, 요괴, 동물 그리고 때로는 장난감이나 인형들처럼 무생물들이 살아 움직이는 캐릭터로 등장하기도 한다. 인간과 비인간, 남자와 여자, 지구인과 외계인, 산 자와 죽은 자 등의 이원법적 분류의 등장인물의 시대는 종말을 고했다. 다채로운 캐릭터들은 한 작품에서 또 다른 작품으로 이동하며 수많은 패러디와 복제들이 일어나고 있다.

에도 시대에는 이러한 현상이 동물을 주인공으로 한 작품에서 많이 나타났다. 소위 '애니멀 콘텐츠'가 에도 시대 서민들에게 자연스럽게 받아들여졌던 것이다. 지금의 일본 문화 속에서 캐릭터 산업은 동물에서 진화하여 종을 알 수 없는 캐릭터까지 다양하게 활용되고 있는데 그 기원을 에도 시대 문화 속에서 찾아볼 수 있다.

한 예로, '너구리'는 일본 문학에서 오랫동안 등장한 전통적 캐릭터로서 <가치카치야마>라는 일본의 옛날이야기에 등장하는 것이 가장 유명하다. 너구리는 이 옛날이야기에서 시작하여 에도 시대 때는 구로혼, 기뵤시, 고칸 등의 구사조시와 우키요에 등에서 활용되었다. 일본인이 어렸을 때 들었을 법한 <가치카치야마>의 일반적인 줄거리는 다음과 같다.

옛날 옛적에 할아버지와 할머니가 살고 있었는데 밭을 어지럽히는 너구리로 인해 늘 골머리를 앓고 있었다. 그러던 어느 날, 할아버지가 밭에서 또 장난을 치고 있는 너구리를 발견하고 포획하여 집으로 데려와 천장에 매달아 놓는다. 너구리는 할아버지가 집을 비운 사이에 할머니에게 거짓으로 애원해서 포박을 풀게 된다. 자유의 몸이 된 너구리는 곧바로 할머니를 잔인하게 죽이고 바바지루(婆汁)국을 만든다. 아무것도 모른 채 집으로 돌아온 할아버지는 할머니로 변신한 너구리에게서 바바지루국을 받아 마신다. 뭔가 이상한 기운을 느꼈지만 그대로 다 먹고 나니 너구리가 정체를 밝히고 비웃으며 도망친다. 이전에 은혜를 입은 적이 있는 토끼가 등장해 할아버지를 대신해 할머니의 복수를 감행한다. 토끼는 세 가지의 방법으로 너구리를 괴롭히기로 한다. 우선, 너구리와 함께 나무를 하러 갔다가 돌아오는 길에 땔감을 지고 있는 너구리의 등에 불을 붙이고 도망친다. 이에 너구리는 큰 화상을 입는다. 이후, 다시 만난 너구리에게 자기는 다른 토끼라고 하며 매운 고춧가루를 화상에 좋은 약이라고 속이며 발라주기까지 한다.

너구리는 무척 괴로워한다. 이후 또 다시 너구리와 만난 토끼는 역시 자기는 해를 끼친 토끼와 다른 인물이라 한다. 이번에는 물고기를 잡으러 간다며 토끼 자신은 나무배를 타고 너구리는 흙으로 만든 배를 타고 가게 한다. 너구리가 탄 흙배는 곧 녹아 망가져 그대로 바닷속으로 잠겨 버린다. 이로써 토끼는 복수에 성공한다.

이 이야기는 구전되어 내려오는 동안 몇 가지 에피소드들이 혼합되거나 삭제되어 위의 줄거리로 정착했다. 기본 줄거리 안에서도 이야기들이 변형되기도 하는데, 한 예로 클라이맥스에 해당하는 토끼의 세 번째 복수 장면은 너구리가 바닷속에 빠져 죽거나 토끼가 노를 이용해 때려죽인다거나 하는 다양한 형태가 존재한다. 현대 일본 전래 동화 애니메이션에도 빠지지 않는 인기 있는 옛날이야기 중 하나로 주 시청자가 어린이들이라는 점에서 너구리를 마지막에 죽이지 않고 서로 화해한다는 결말이 많다.

에도 시대에는 가치카치야마 이야기의 여러 버전과 함께 너구리만을 특화한 다양한 캐릭터 패러디가 생겨났다. 이번 장에서는 구사조시와 우키요에에서 어떤 식으로 너구리의 콘텐츠화가 이루어졌고 오늘날의 너구리는 또 어떤 모습으로 미디어 속에 등장하고 있는지 살펴보겠다.

또한, 오늘날 인기 있는 고양이 콘텐츠 또한 에도 후기에 널리 유행한 흔적을 찾을 수 있다. '고마'라는 고양이를 주인공으로 하여 여러 등장인물들과 함께 인간 사회 속 좌충우돌 모험담을 그린 이야기가 있는데, 이 이야기는 무려 7년간 시리즈물로 제작되었다. 네코노믹스라는 말이 생겨날 정도로 고양이 파워가 대단한 오늘날, 에도 시대 미디어 속 고양이의 모습은 어떠했는지 궁금하다.

너구리와 고양이를 예로 에도의 애니멀 콘텐츠 세상을 잠시 구경해보자.

1. 기산지, 너구리를 부활시키다

일본 현대 극작가 이노우에 히사시[6]가 작가의 길을 걷기로 결심하게 된 계기는 호세이도 기산지의 기뵤시 『부모 원수 갚는 배 두드리기』(1777, 이하 『배 두드리기』)를 읽고 나서였다. 대학 진학을 위해 시골에서 도쿄로 올라왔지만 도시 생활에 적응하지 못한 그는 병을 얻어 고향으로 돌아온다. 집안일을 가끔 도우며 지역도서관에 다니다가 우연히 읽게 된 기뵤시 한 편이 그를 보기 드문 현대 게사쿠 작가로 탄생시켰다.

그는 『배 두드리기』를 읽은 후, 도쿄에서 생긴 말을 심하게 더듬는 버릇도 없어지고 자신을 괴롭히던 묵은 스트레스를 날려 버릴 수가 있었다고 한다. 이 작품에서 위안을 얻은 그는, 「기뵤시 같은 작품을 많이 써서, 나 같은 사람이 읽는 동안 껄껄 웃으며 하루 정도는 한숨 돌릴 수 있는 그런 소설을 꼭 쓰고 싶다」는 결심을 했다. 이후 그의 작가 모토는 「어려운 것을 쉽게, 쉬운 것을 깊게, 깊은 것을 재미있게」였고 인간만이 만들어 낼 수 있는 '웃음'의 쉽고도 깊은 세계를 독자들에게 펼치게 된다.

『배 두드리기』는 제목이기도 하지만 일본 문화에서는 전통적인 너구리의 특징 중 하나로 일본인들에게 인식되는 것이다. 옛날 사람들이 먼 곳의 절에서 들려오는 북소리를 숲속에서 먹을 것을 실컷 먹은 너구리들이 배를 두드리는 것이라고 바꿔 말한 것에 기인한다. 아무튼 제목의 '부모 원수'라는 대목에서 예고하듯, 이 작품은 <가치카치야마>의 속편이다. 가치카치야마 옛 이야기도 산쇼다유 전설처럼 초기 구사조시에서 패러디되었다. 산쇼다유가 무사 중심사회를 반영했듯이, 구로혼에서 패러디된 가치카치야마도 토끼가 '무사'로 설정되고 당시의 인기 스포츠 '스모'에 능하다는 등 에도의 색채를 조금씩 가미하기 시작했다. 하지만 모두 원전의 단순한 패러디에 그쳤다. 그런 가운데 작가 기산지는 가치카치야마를 그대로 사용하여 장르만 기보시로 바꾼 것이 아니라, 아예 후일담의 성격을 지닌 속편을 만들어 냈다.

가치카치야마의 속편으로 탄생한 『배 두드리기』의 주인공은 진흙배를 타고 가다 죽은 너구리의 '자식'이다. 너구리가 대표적인 애니멀 콘텐츠의 역할을 하고 있지만, 상대역인 토끼 그리고 주변 인물로 빨간 고양이, 산여우, 까마귀 등도 이 패러디의 연속선상의 작품들에 빠질 수 없는 등장인물로서 등장한다. 다채로운 동물 캐릭터들의 퍼레이드 속에 기산지는 옛날이야기로 유명한 가치카치야마를 다시 소환한다.

속편으로서의 『배 두드리기』는 어떤 이야기인가. 대략 다음과 같다.

아비를 잃은 너구리의 자식이 성장해 아버지의 원수를 갚고자 한다. 이를 위해 사냥꾼으로 이름난 우쓰베란 남자를 섭외한다. 이 둘은 복수를 위한 사전 연습으로 숲 속에서 총으로 애꿎은 늙은 여우를 죽인다. 한편, 복수 계획을 알게 된 토끼는 에도로 몸을 숨기고 아사쿠사 절에 가서 기도를 올린다. 가치카치야마 원래 이야기의 할아버지에게도 자식이 있었는데, 몹시 방탕하여 집에서 의절을 당하고 역시 에도의 어느 사무라이 저택에서 아시노 가루에몬(가벼운 사람)이란 이름의 하인으로 일하고 있었다. 그러던 중, 이 집의 아들이 천연두에 걸려 위독한 상황인데, 토끼의 생간을 먹으면 회복될 수 있다는 이야기를 엿듣는다. 하지만, 가루에몬은 부모의 은인인 토끼를 차마 해칠 수는 없다.

이후, 가루에몬은 나카타야라는 민물고기 요리점에서 토끼를 숨겨주고 있었다. 우쓰베를 동원하여 원수를 갚으려는 너구리도 이곳을 찾아온다. 나카타의 주인은 뒤집힌 배 밑에 토끼를 숨겨주는데 이때 우쓰베와 너구리는 맛있는 냄새가 나는

쪽으로 정신이 팔리고 기분이 좋아져 잠시 복수를 잊고 함께
덩실덩실 춤까지 춘다. 그러나 결국 토끼는 아버지의 원수를
갚으려는 너구리의 효심과 주인에게 충성하고자 하는 가루에
몬의 의리에 감복하여 자신을 내어주기로 한다. 토끼는 할복
한 후, 간을 꺼내 가루에몬에게 주고 그런 다음에 너구리에게
는 마음껏 복수하라고 말한다. 이에 너구리가 토끼의 몸을 두
동강 내자[7] 상반신은 가마우지(鵜)가 되고 하반신은 해오라기
(鷺)가 되어 하늘로 날아간다.

　가루에몬으로 인해 주인집 아들이 살아나고 신임을 받은
가루에몬은 떳떳한 무사 아시노 오모에몬(진중한 사람)이 된다.
한편, 우쓰베와 너구리는 일전에 자신들이 시험 삼아 죽인 늙
은 여우의 자식들이 펼친 또 다른 복수로 죽음을 맞는다. 이
후, 나카타야는 불경기로 장사가 잘 되지 않는데, 토끼가 죽
을 때 변신한 가마우지와 해오라기가 날아와 장어를 토해 내
고 그것으로 만든 요리가 인기를 끌어 다시 가게는 번창한다.

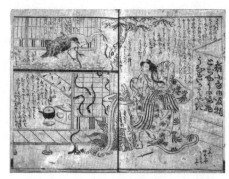

(자료11)『부모 원수 갚는 너구리 배 두드리기』중, 토끼의 할복
장면(위)·나카타야에 가마우지와 해오라기가 장어를 토해 주는 장면(아래)

　기뵤시가 당시 아무리 심심풀이 땅콩과 같은 오락 소설이
었다 해도『배 두드리기』의 구성을 보면 그런 말은 무색해진
다. 속편으로서 옛날이야기를 자연스럽게 이어받으며 곳곳에
이전 작품의 패러디가 존재하고 토끼를 통해 당시 존중되었던
'충'과 '효'의 덕목까지 보여주며 마지막에는 판타지적 요소를
더해 전체적으로 꽤 짜임새 있는 작품이 되었기 때문이다. 군
더더기 없는 구성과 속도감 있는 전개는 이백여 년이 지나 작
가의 잠재력을 지녔지만 스스로 인지하지 못하고 있던 이노우
에의 감수성을 뒤흔든 것이다. 이노우에는 그의 수필「나에게
게사쿠란」에서 이 작품을 읽고 난 소감을 밝혔다.

　　나는 다 읽고 나서 잠시 멍했다. 토끼(우사기)를 둘로 갈
　라 '가마우지(우)'와 '해오라기(사기)'가 되고 그 '우'와 '사

기'가 토해낸 장어를 구워 '토해 낸 풍(에도 풍)[8]의 장어구이', 이런 것을 책으로 써내도 괜찮은 건가 했다. 그러는 와중에 웃음이 피어올랐다. '괜찮은 건가'하고 생각해봤자, 이미 이렇게 활자화 되어 있지 않은가. 그런 것에 연연해하는 내 자신이 더 이상하다. 이 작품의 우스꽝스러움과 뻣뻣한 내 자신의 우스움, 그것이 너무나 웃기고 웃겨서 어쩔 수가 없었다. 웃음이 멈추었을 때, 나는 내 몸이 가볍고 부드러워진 것 같은 기분이 들었다. 말 때문에 다른 사람들에 웃음거리가 되는 것이 부끄럽고 포장마차 집 아들이라는 것에 주눅 들어 있었다. 남들 눈에는 하찮은 남자로 보이겠지만 그것이 괴로웠다. 그런 거북함이 한 번에 훅 하고 날아가 버렸다. 여기 바보스럽고 쓸데없는 이야기가 있다. 그러나 그 바보스러운 작품이 경직되어 있던 내 마음과 몸을 마치 내장을 풀어주는 따뜻한 목욕물처럼 부드럽게 풀어주었다. 그렇다고 하면, 바보 같은 것, 쓸데없는 것에도 가치가 있는 것이다. 그러니까, 나도 그렇게 훌륭한 인간이 되려고 하지 않아도 되는 것 아닌가. 바보라도 좋고, 쓸데없어도 좋다. 이제부터 조급하게 애태우지 말고 살아가자.[9]

우리가 에도 서민들의 감상을 직접 들어볼 수 없으니 이노우에의 자기 고백과도 같은 코멘트를 빌려 당시 에도 서민문학이 사람들의 마음을 어떻게 위로할 수 있었는지 상상해 볼 수 있다. 기산지는 기보시 초기 작가였지만 후대 작가들에게도 영향을 끼쳤다. 그는 쓰타야와 같은 한모토와도 두루 잘 지냈으며, '꿈'과 '연극적' 연출과 관련한 다른 작품에 그림 속 인물로 종종 본인이 직접 등장하기도 했다.

『배 두드리기』는 가치카치야마의 너구리가 원전에서 벗어나 캐릭터로서 무한한 너구리의 시뮬라크르를 일으킬 수 있는 가능성을 보여주었다.

2. 복제되는 긴타마, 여기저기

'배 두드리기'와 함께 에도 너구리 캐릭터가 갖는 특이한 특징 중 하나는 '긴타마(金玉)'이다. 생물학적으로는 남성의 고환을 의미하는 일본어지만 너구리의 '긴타마'는 그러한 생식기적 의미로는 사용되지 않는다. 이 책에서도 성적인 개념이 사라진 채 문화 코드에서 몇몇 상황에서 상징적 용어로 사용되는 입장에서 일본어 그대로 '긴타마'를 사용하겠다. 일본 문화 속 전통적인 너구리 캐릭터는 '변신 능력'을 가지고 있는 것으로 설정되는데, 이 긴타마가 너구리의 '변신'을 자유자재로 해주는 도구로 사용되는 일이 많다. 기산지 이후로 쏟아지는 너구리 패러디물과 심지어 현대 애니메이션에도 긴타마는 너구리가 가진 중요한 능력으로 표상되고 있다.

사쿠라가와 지히나리는 기뵤시『그 옛날 너구리 국물 요리』

(1795)에서 가치카치야마의 너구리가 종국에는 죽지 않고 도망쳐 에도 요시와라로 잠입해 그곳에서 게이샤와 사랑에 빠진다는 패러디를 펼친다. 이 너구리는 '긴베이'라는 이름까지 얻게 되는데, 가치카치야마의 너구리들 중 이름을 얻게 된 드문 경우이다. 이렇게 캐릭터로서 입지를 굳힌 긴베이는 토끼 무리의 추격에 벚꽃 나무 위에 올라가 자신의 긴타마를 범종처럼 늘어뜨린다. 작가는 「너구리, 익살이라도 부리려는 것인가, 긴타마와 범종이라니 당치도 않게 억지 부리는 것이 지긋지긋하도다」고 하며, 자신의 설정에 자신이 혀를 차고 있다.

이뿐만이 아니다. 『돈 버는 너구리 긴타마』(1798)에서는, 인간으로 변신한 후 에도에서 숙박업을 경영하는 너구리 부부가 긴타마로 밤에 덮고 자는 이불을 만들어 손님들에게 제공하니 평판이 좋아 크게 성공한다. 그러던 중, 정체가 탄로나 인간들에게 포획될 위기에 처하나 작자 지히나리가 나타나 도와주고 다시 고향으로 돌아간다는 내용이다.

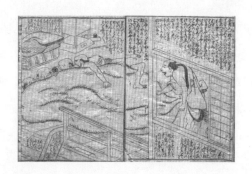

(자료12)『돈 버는 너구리 긴타마』중,
긴타마 이불 (위)·『바뀌는 너구리 아내』중, 너구리 일가 모습(아래)

작가 시바 젠코의 기보시『바뀌는 너구리 아내』(1789)에서도 긴타마 변신이 등장하는데, 사랑의 도피를 꾀한 두 남녀가 가치카치야마의 족보를 가진 너구리 일가에 몸을 숨긴다. 이 너구리의 집은 다름 아닌 긴타마가 변신한 것이었다. 게이샤였던 여인은 긴타마 안에서 샤미센을 켜고 다른 너구리들은 배를 두드리며 평온한 나날을 보낸다. 여인을 뒤쫓던 무리가 찾아오자 너구리 주인은 다시 한번 자신의 긴타마를 이용해 남녀를 숨겨준다.

이렇듯 에도 너구리들의 긴타마 변신은 다방면으로 해학적 코드와 맞물려 있다. 특히 골계미가 다분한 기보시라는 장르를 만나 더욱더 활기차게 패러디되었다. 오늘날 이 해학코드는 다카하타 이사오 감독의 극장용 아니메 <폼포코 너구리 대작전>(1994, 이하 '폼포코')에서도 그대로 활용된다. 일본의 전통적 너구리가 현대 영상매체에서 화려하게 부활한 것이다. 다카하타 감독은 일본의 전통 너구리란 어떤 것인가를 애니메이션을 통하여 오늘날 대중에게 확실하게 각인시키며 자연과 인간 그리고 동물로 대표되는 너구리들과의 공존의 문제까지 다루었다.

(자료13) 〈폼포코 너구리 대작전〉 중,
구니요시 그림 등장(위)·긴타마 변신 장면(아래)

특히 너구리에 대한 고증이 굉장히 잘 되어 있는데, 긴타마 변신에 대한 것도 마찬가지이다. 긴타마를 이용한 부분 변신으로 인간의 세계를 위협하고 커다란 방석으로 만들어 일상생활에서도 이용하는 것은 기뵤시에서 보여주던 긴타마 활용 방식 그대로이다. <폼포코>에서 긴타마는 각각 붉은 융단, 덮개, 날개, 낙하산, 공격무기, 보물선 등으로 변신한다.

에도 시대에는 '미타테(見立て)'라고 하는 '빗대어 표현하기'가 유행했다. 너구리 긴타마는 그 어느 것보다 더 '뭐든지 빗대어도 좋다'는 황당무계한 활용감이 없지 않지만 그만큼 에도 서민들에게는 친숙한 재료였던 것이다. 이것의 활용은 우키요에 화가 우타가와 구니요시에 의해 절정에 이른다. 구니요시의 너구리 패러디가 얼마나 유명했는지는 <폼포코>에서 다카하타 감독이 너구리들의 역사 공부 교재로 구니요시 작품을 선택한 것을 보아도 알 수 있다.

구니요시 너구리 패러디의 새로운 점은 단순한 해학적 장면 연출보다 긴타마를 재료로 한 에도 서민의 '일상'을 표현했다는 것이다. 그는 서른 장이 넘는 너구리 소재 우키요에를 남겼는데, 대부분이 긴타마를 희화한 그림이다. 그 빗댐의 종류도 다양해서 구니요시의 너구리 그림을 보면 에도 후기의 서민들의 일상 속에 들어간 느낌이다.

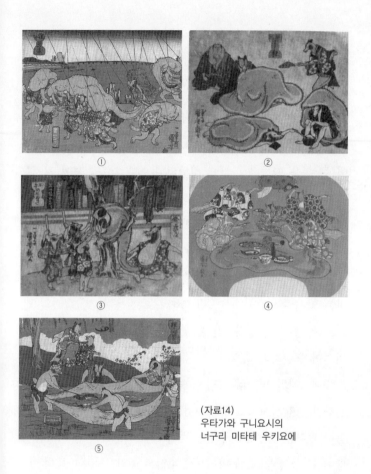

(자료14)
우타가와 구니요시의
너구리 미타테 우키요에

    갑자기 내린 소나기에 너구리가 자신의 긴타마를 펼쳐서 지나가는 행인들에게 비를 피하게 해주고 나머지 너구리들은 각자 알아서 긴타마를 펼쳐 개인 우산으로 사용하고 있다. 작은 긴타마를 사용하는 어린 너구리도 그려져 있다.(자료14-①)

다른 그림에서는, 긴타마를 방한도구로 사용하고 있다. 긴타마를 이불로 덮고 있는 너구리, 고타쓰 난로처럼 사용하고 있는 너구리, 특히 목도리처럼 긴타마를 목에 두르고 있는 너구리가 압권이다.(자료14-②) 또 다른 그림에서는, 2월 이나리신사의 제사에 너구리들이 등장한다. 어른 너구리가 긴타마를 뻗어 큰 북을 만들고 나무에 걸었더니 어린 너구리들이 그것을 북처럼 치고 있다.(자료14-③) 또 다른 그림에도, 한 너구리가 펼친 긴타마를 술과 안주를 대접하는 연회상처럼 쓰고 있다. 이에 과거부터 너구리와 인연이 깊은 여우 네 마리가 즐거운 듯 춤까지 추며 놀고 있는 모습이다.(자료14-④) 이외에도, 긴타마는 낚시 투망(자료14-⑤), 잔치좌석, 운반용 들것, 승려의 짐, 스모판, 훈도시, 달마, 간판, 칠복신, 떡 등 실로 다양한 것을 빗대어 표현하고 있다.

구니요시의 너구리 그림을 보면, 에도 후기 일본 문화에서 긴타마는 남성성으로 인식되지 않았고 무엇이든지 비유할 수 있는 편리한 빗대기 도구였던 것이 더욱 확실해진다. 이처럼 빗대어 표현하는 미타테 방식으로 수많은 패러디들이 만들어졌다.

본질과 다르게 무성(無性)의 도구로서 일본 문화에서 자주 발견되는 긴타마 빗대기는 너구리가 가지는 허상의 이미지 속에서 그때그때의 취향으로 활용되었다. <폼포코>에서 너구리들이 인간을 대적하는 가장 큰 무기로 긴타마 변신을 택함으로써 너구리 변신술이라는 전통적 취향을 현대적으로 풀어내는 데 성공한 것이다.

3. 시리즈로 탄생한 '고마'

일본 문화 속에 자주 등장하는 애니멀 콘텐츠로 너구리를 능가하는 동물이 있었으니 바로 '고양이'다. 일본 사람들이 고양이를 사랑하는 것은 나쓰메 소세키의 『나는 고양이로소이다』(1905-6)를 비롯하여 다니자키 준이치로 등의 근대 작가들이 고양이를 소재로 에세이 글을 남긴 것에서도 드러나는데 일본인의 고양이 애호는 근대보다 훨씬 이전부터 존재했다.

에도 요시와라의 최고 게이샤들이 고양이를 발치에 두거나 안고 있는 모습이 우키요에에 많이 남아 있다. 좀 더 멀리 거슬러 올라가 헤이안 시대의 사랑이 그려진 『겐지 모노가타리』에서도 온나산노미야와 가시와기의 에피소드에 고양이가 등장한다. 독립적이고 우아하며 참을성 있는가 하면 때론 엉뚱하기도 하고 호기심에 원치 않은 모험도 하는 고양이의 매력은 이집트 문명에서도 발견되듯이 분명 인류 역사만큼 긴 시간동안 이어지고 있다.

이러한 고양이를 대중미디어에 등장시키며 다채로운 활용을 보인 것이 에도 시대 때이다. 네코노믹스라는 용어가 생길 정도로 현대 일본의 아니메나 망가, 영화 그리고 각종 게임이나 완구 및 온갖 생활 용품에서 사용되고 있는 이 고양이 콘텐츠는 에도 시대에도 비슷한 양상을 보였다. 우선 가장 인기 있는 대중지인 오락 소설 계열의 책들과 우키요에에서 고양이들을 만날 수 있다.

『으스름달 고양이 이야기』(1842-49, 이하 『고양이 이야기』)는 1842년 고칸의 형태로 처음 출판되었다. 이후, 일곱 편의 시리즈로 7년 동안이나 간행되는데 초창기에는 덴포 개혁으로 출판 금지를 당하기도 하여 그림과 내용이 부분적으로 삭제되거나 수정되기도 했다.

작자는 교덴의 동생인 산토 교잔, 그림은 우타가와 구니요시인데, 형의 필화 사건을 곁에서 지켜본 교잔이었기에 검열을 피하기 위해 인기 배우나 유녀를 배제시키고 처음부터 동물을 주인공으로 삼았다. 그리고 다음 장에서 좀 더 살펴볼 예정이지만 덴포 개혁을 뛰어넘기 위해 애니멀 콘텐츠를 그림 소재로 대폭 전환한 구니요시의 아이디어가 더해져 『고양이 이야기』는 긴 시간 동안 에도 독자들에게 사랑을 받았다. 물론, 이 둘은 실제로 엄청난 고양이 애호가이기도 했다.

『고양이 이야기』는 '고마'라는 암고양이가 원래 살고 있던 생선 가게를 시작으로 여러 집을 거치며 그 주변의 다른 고양이들과 겪는 일대 모험담이다. 고마라는 이름은 우리나라와도 관련이 있다. '高麗'라고 쓰고 '고마'라고 읽었는데, 고구려·신라·백제 그리고 발해까지 아우르는 한반도를 가리키는 말로 쓰였다. 『고양이 이야기』에서도 저택에 들어가 살게 된 고마에게 이름을 지어줄 때, '정말, 어떻게 부르면 좋을까. 아 그것 말이야, 고양이는 옛날 고마 국에서 건너온 것이니 고양이들을 대부분 고마라고 불렀다고 그 무슨 책에서 읽었어. 역시 고마라고 지어주자'라고 결정, 이에 고마는 무척 기뻐한다. 자신의 원래 이름이기 때문이다. 고마가 다시 고마가 된 것은, 당시 고양이 이름으로 흔했다는 증거이다. 『고양이 이야기』 3편 첫 장면에서 고구려 사신이 고양이가 든 상자를 선물로 가져온 것이 보이는데, 여기에 고양이 전래에 대한 이야기가 자세히 서술되어 있다. 고마라는 흔한 고양이 이름이 고구려(한반도)에서 전래된 것이라는 것을 지금의 일본인들은 잘 알고 있지 못할 테지만 적어도 에도 시대 독자들에게는 교양과 같은 지식이었다고 본다.

고마는 때로는 고양이 본래의 모습으로, 때로는 인간의 모습으로 분하여 그 변화하는 장면 장면이 흥미롭게 전개된다. 고마는 출산을 하고 사랑의 도피를 실천하여 죽음을 위해 떠나는 도행 길을 걷기도 하고 배우가 되어 무대에서 춤추는 등 인간들이 하는 일은 모두 다 한다. 고양이기는 하나 작자는 고마를 통해 인간의 일생을 그린 것이다.

작품에 유녀와 가부키 배우의 등장이 금지당한 상황에서 고양이가 이들을 대신하는 역할을 맡았다. 이러한 의도는 애니멀 콘텐츠 활용 이상의 효과를 내었는데, 고양이 모습이긴 해도 이 작품을 통해 독자들은 배우들을 만날 수 있었던 것이다. 그만큼 에도 서민들은 가부키나 우키요에에서 배우들의 모습을 계속해서 보고 싶어 했던 것이다. 배우를 아끼는 마음이 작품 안에서 소개되기도 하는데, 다음의 에피소드를 보자.

우메노이라는 여인이 방 안에 나타난 쥐를 잡는 데 하녀의 부채를 사용할 것을 명한다. 이에 하녀는 들고 있던 자신의 부채를 보이며 너무나 아끼는 배우 초상화가 그려진 것이라 절대 그럴 수 없다고 한다. 「이것은 제가 아끼고 좋아하는 얼굴, 싫사옵니다」라고 단호히 거절하는 하녀. 인기 배우의 얼굴이 그려진 초상화 시리즈의 부채를 간직하고 있었던 것이다. 당시 배우 그림은 '인기 스타 브로마이드'였다. 사진이 없던 시대의 배우 얼굴 그림은 현대의 아이돌 사진이나 프로필 브로마이드 사진 같은 것이라고 할 수 있다. 달리 즐길 매체가 없었으니 다색으로 찍어내는 목판화 우키요에는 분명 당시 인기 스타의 유일한 재현 복제 기술 미디어였다.

고마·이와이 시자쿠

도라 · 사와무라 돗쇼

구마 · 이치카와 에비조(5대)

유키 · 이치무라 우자에몬(12대)

부치 · 사와무라 돗쇼

(자료15) 『고양이 이야기』의 등장인물 고양이와 해당 가부키 배우

그러한 우키요에 한 장은, 곧 배우 그 자체보다 인기를 끌게 된다. 배우 누구누구보다 구니요시의 누구누구 또는, 구니사다의 누구누구 등, 화가들이 그린 '우키요에 속의 배우'가 훨씬 더 매력적인 존재로 자리매김한다. 『고양이 이야기』의 주인공들도 당시 가부키 배우들을 의인화시킨 것이었다.[10] 따라서 『고양이 이야기』에 '출연한' 배우들은 당시 배역별 인기 배우의 대표 주자라고 여겨도 좋을 것이다.

가부키 공연 자체가 금지된 것은 아니었지만 번화가를 중심으로 한 가부키 3대 극장을 외곽으로 이동시켰다. 1842년에는 7대 이치카와 단주로가 에도에서 멀리 추방당했고 출판물에서는 화려한 색채를 사용한 유녀와 배우의 초상화를 사용할 수 없게 되었다. 『고양이 이야기』의 간행이 때마침 이 시기와 맞물려, 드러내놓고 즐기지 못하던 에도 연극 문화를 에도 서민들은 고양이를 의인화 한 작품에서 이렇게 소소하게나마 추억할 수 있었다.

고마는 초대 이와이 시자쿠, 고마의 연인인 도라는 초대 사와무라 돗쇼, 쥐를 잘 잡지만 난폭한 구마는 5대 이치카와 에비조, 쌀가게의 정이 많은 하얀 고양이 유키는 12대 이치무라 우자에몬, 그리고 고마와 악연이 되는 몸집 큰 고양이 부치는 도라를 맡았던 돗쇼가 다시 맡는다. 이렇듯, 시리즈로 제작되며 한 역할을 다른 배우가 이어서 하기도 하고 한 배우가 여러 고양이 역할을 맡기도 했다. 돗쇼의 경우 시간차를 두고 도라와 부치의 두 역할을 맡았는데, 이들과 고마와의 관계가 각각 연인과 원수라는 상반된 점이 흥미롭다. 이치무라 우자에몬의 경우도 고마가 나중에 오노에라는 바뀐 이름으로 등장할 시점에서 고마 역할을 맡는다.

구니요시는 가부키의 유명한 장면을 패러디한 우키요에 「유행 고양이」시리즈를 내는데 위의 가부키 배우들이 다수 등장하며 『고양이 이야기』와도 중첩되는 부분이 있다. 이렇게 비슷한 그림들이 계속 만들어졌던 것에서 우리는 에도 서민들이 가부키를 즐기고 그것을 이야기책에서도 재현하며 한 장의 그림으로도 재차 감상한 반복된 패러디 패턴을 확인할 수 있다. 『고양이 이야기』는 고칸이라는 장르의 책이었으나 이것은 연극 무대를 대신한 것이었고 고마를 포함한 등장인물은 배역, 가부키 배우들이 이를 연기한 것이다.

그렇다고 해서 『고양이 이야기』가 가부키 배우 취향만을 담고 있는 것은 아니다. 당시의 교양을 전달하거나 광고를 담아 홍보하기도 한 실용서의 역할도 하고 있었다. 상·하 권으로 이루어진 한 시리즈는 각 권이 끝나는 페이지 두 면에 오늘날 잡지 광고처럼 화장품, 약, 곧 나올 서적, 생활 용품, 우키요에 그림 등의 광고가 실려 있다. 이것은 만화주인공 아톰이 초콜릿 광고를 선전한 것과 일맥상통하는 미디어믹스 방식이다. 또한 에도 주거문화나 여러 직업들을 보여주고 있어 흥미롭다. 고양이 콘텐츠를 이용한 『고양이 이야기』시리즈는 에도 서민들에게는 당시 여러 정보들이 종합적으로 담긴 이야기책의 역할을 하였고, 오늘날 우리들에게는 에도 사회를 엿볼 수 있는 만화경 같은 역할도 하고 있다.

지금은 고양이 등장인물과 에도 시대 인기 가부키 배우의 라이브 연기를 서로 비교해가며 감상하지 못하는 것은 아쉽지만.

4. 고양이들 모두 이름 있어요!

고양이들의 시뮬라크르는 끝이 없다. 『고양이 이야기』의 작자 교잔도 작품 안에서 자신은 고양이를 좋아하고 세 마리를 키우고 있다고 밝혀 놓았는데 구니요시의 경우는 정확하게 몇 마리라 할 정도의 수준을 넘어섰다. 현재 그림으로 남아있는 구니요시 동문의 모습에도, 제자들이 남긴 문헌에도 보여지듯 구니요시는 고양이를 옆구리에 끼거나 곁에 두고 작업할 만큼 고양이에 대한 애정이 대단했다.

어렸을 때 잠시 구니요시 동문에 들었던 가와나베 교사이가 『교사이 화담』(1887)에서 그 시절을 추억하며 남긴 한 장의 그림이 있다.(자료16) 오른쪽 페이지를 보면 고양이들에 둘러싸여 어린 교사이에게 그림을 가르쳐 주고 있는 구니요시 선생님, 그리고 진지하게 배우고 있는 어린 교사이가 있다. 왼쪽에는 제자들이 그려져 있는데, 요시토라가 요시카즈를 깔고 뭉개며 싸움이라도 일으킨 듯 보이고 요시무네가 이를 말리고 있다. 구니요시 옆에는 요시타마라는 여제자가 보이는데, 구니요시는 성별에 상관없이 제자를 받았다. 이들은 주로 구니요시 집에서 기거하며 그림을 배웠다.

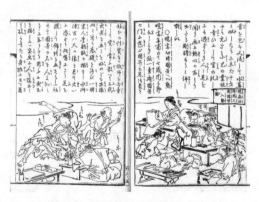

(자료16) 가와나베 교사이 『교사이 화담』 중

그중 요시무네가 아들에게 들려준 이야기가 있다. 평소에 구니요시 주변에는 한두 마리에서 수십 마리의 고양이가 모여 있었다. 집에는 고양이 불단이 있어 세상을 떠난 고양이의 계명(戒名)을 써놓은 위패가 장식되어 있고 과거장까지 있다고 한다. 어느 날 구니요시가 요시무네를 불러 「우리 구로(黑)가 가엾게도 성불하였다. 미안하지만 스님께 언제나처럼 계명을 받아 묻어주고 싶다고...」 말하며 대신 다녀오기를 부탁하였다. 그러나 요시무네는 죽은 구로를 료고쿠 다리에서 던져 버리고 받은 돈은 요시와라에 가서 써버렸다. 금세 거짓말은 들통나고 호되게 야단맞았다는 이야기다. 살아있을 때도 아끼고 죽어서도 계명까지 받게 하며 절에서 명복을 빌고 무덤에 안치한 구니요시의 살가운 정을 느낄 수 있는 에피소드이다.

고양이에 대한 구니요시의 애정은 그의 작품에 고스란히 담겨져 있는데『고양이 이야기』에서 볼 수 있듯이 인간화한 고양이가 아닌 리얼한 고양이의 모습을 담은 작품이 있다. 풍경화 우키요에로 유명한 우타가와 히로시게의 「도카이도 53역참」(1833)을 패러디한 「그대로 말장난 고양이 애호 53마리」(1848-54)이다.

제목부터 패러디한 이 작품은 에도 시대 주요 역참 이름을 고양이의 동작에 곁말을 붙이는 방식으로 구성한 것이다. '말장난(地口)'이란 것도 음은 비슷하나 뜻이 다른 말을 서로 대입하며 재담을 펼치는 것인데, 사실적인 고양이 묘사와 함께 상

황에 어울리게 한 마리 한 마리 모두 정성스럽게 이름을 붙여
주었다.

(자료17)「그대로 말장난 고양이 애호 53마리」(하·중·상)

「고양이 애호 53마리」는 세 장 연속 그림으로 상중하로 이
루어져 있다. 상의 오른쪽 맨 위의 「니혼다시」에서 출발하여
하의 왼쪽 맨 아래의 「교('으악'이라는 감탄사)」에서 끝마친다. 원
작 히로시게 그림의 출발점인 일본 '니혼바시'와 도착점인 '교
(京)'를 패러디한 것이다. 그림 안에서 빨간 긴 사각형은 히로
시게 그림에서 등장하는 원래 지명이다. 거기에 맞춰 지어진
곁말이 고양이의 동작과 관련이 있다.

상의 맨 위, '니혼다시'는 가다랑어(다시) 두 마리(니혼)라는
의미로 이를 갖고 장난치는 고양이 모습에 어울리고, 마지막
의 '교'는 무섭게 생긴 고양이에게 잡힌 쥐가 '으악'하고 비명

을 지르는 데서 지어졌다. 시나가와(品川)는 '시라카오(하얀 얼굴)'의 이름의 하얀 고양이가 그려져 있고 아라이(荒井)는 얼굴을 '씻고(아라이)' 있는 고양이 '아라이'로 표현되어 있다. 보통 얼룩이를 '부치'라고 불렀는데(『고양이 이야기』에서도 부치가 등장), 자기 배를 핥고 있는 얼룩 고양이에게 붙여진 '부치하라(부치의 배)'는 그 유명한 '요시와라'의 곁말로 만들어진 것이다.

구니요시는 에도 놀이 문화에 자신의 고양이 애호의 성격을 더해 「고양이 애호 53마리」를 완성했다. 그저 소일거리로만 치부하기에는 고양이 하나하나의 묘사가 무척 사실적이고 진지하다. 고양이들 본연의 특성이 화가로서 구니요시의 눈을 통해 포착되고 그림으로 탄생되고 이름까지 붙여진 일련의 과정은 그저 그런 놀이 문화의 범위를 능가하여 고양이 콘텐츠를 집대성한 경지에 이르렀다고 할 수 있다.

그렇기 때문일까. 「고양이 애호 53마리」는 오늘날 일본 문화 속에서 가장 많이 볼 수 있는 에도 시대 고양이 그림이다. 미술관이나 박물관에서 전시되는 구니요시 그림은 물론이거니와 반드시 동반되는 관련 상품으로 등장한다. 그뿐만 아니라 생활 속에서는 폰 케이스, 손수건, 커튼, 마우스패드, 컵, 바인더, 노트 등 용품의 프린트로도 자주 이용되고 있다. 여기에 그려졌던 고양이들 그리고 구니요시는 이제 실물로는 이 세상에 존재하지 않지만, 그들의 시뮬라크르들은 여전히 살아서 계속해서 생성되고 소비되고 또 생성되고 있는 것이다.

5. 참새도, 금붕어도, 이것도 저것도

애니멀 콘텐츠로 너구리와 고양이만 사용되었다면 다른 동물들이 섭섭해 할 것이다. 우키요에 속에 발견되는 동물, 요괴, 사물 등의 콘텐츠는 실로 다양하다. 그들은 때때로 사람을 대신하여 사회 모습을 풍자하기도 하고 가끔은 그냥 귀여워서 사용되기도 했다.

구니요시는 1845년 경 요시와라에 큰 불이 나자 임시 가설 영업소가 설치되는 것을 보고 「단골손님의 보금자리로 빌린 임시 집」(1846)이란 작품을 세상에 내놓는데 등장인물이 모두 참새이다. 당시 요시와라에 대해 해박한 자 또는 요시와라에 와서 구경만 하고 가는 사람을 '요시와라 스즈메(吉原雀)'(스즈메=참새)라고 한 것 그리고 뻔질나게 요시와라를 드나들던 남자를 '사토 스즈메(里雀)'라고 불렀던 데서 기인한 제목과 등장인물이다.

화재로 인해 다른 곳에서 영업을 재개한 요시와라의 선전이기도 한 만큼 그림은 빽빽한 인파(참새)와 활기찬 분위기로 가득하다. 막 도착한 손님들이 가마에서 내리고 있고 주변에는 유녀들이 사용할 것 같은 꽃으로 된 머리장식 등을 파는 가판대도 있다. 머리의 크기나 몸집이 작은 것으로 보아 게이샤들 옆에서 시중을 드는 어린 아이인 가무로(禿) 등이 격자 살을 사이에 두고 과자를 사고 있다. 손님들을 위한 음식도 판

매되고 있으며 딱히 여인들에게 관심을 두지 않고 서로 이야
기를 나누며 길을 지나가는 이들도 있다.

(자료18) 「단골손님의 보금자리로 빌린 임시 집」

유곽의 푯말에 「구니요시 희화(國芳戲畵)」라고 못박아 놓은
것은 덴포 개혁으로 요시와라나 유녀들의 소재를 금지한 것에
대해 구니요시가 미리 취한 조치일 것이다. 게다가 「빌린 임
시 집」과 비슷한 구도로 참새 대신 고양이들을 출연시킨 구니
요시의 또 다른 작품 「으스름달 한가득 고양이」(1846)가 있다.
이것 역시 요시와라 광고용으로 제작되었으나, 최고 게이샤가
등장한 「빌린 임시 집」보다 좀 더 친근하고 서민적인 요시와
라 풍경을 담고 있다는 것이 특징이다.

보통의 유녀들이 대기하고 있고 사람들은 머리에 띠를 두
르고 흥청망청 즐기고 있다. 가마를 든 얼룩무늬 고양이는 마
치 문신[11]을 한 멋쟁이 남자로 묘사되어 이는 구니요시 또는

그의 후원자였던 교카 시인 우메노 각주를 살짝 카메오 출연시킨 것으로 보인다. 같은 장면을 하나는 참새 하나는 고양이로 하여 패러디 작품까지 만들며 요시와라의 부활을 기원한 구니요시의 마음이 느껴진다.

앞서 고양이를 가부키 배우 얼굴로 표현한 것을 봤는데 금붕어를 비롯한 여러 물고기들도 역시 이 장치로서 활용되었다. 「물고기의 심정」(1842)에는 도미, 복어, 가자미, 문어 등 다양한 물고기가 등장하는데 얼굴을 가만히 들여다보면 모두 배우 얼굴이다. 평상시의 모습이 아니라 험악한 표정 연기를 하고 있는데, 덴포 개혁에 대해 분노를 드러내고 있다. 「닮았는가 금붕어」(1842)는 부채 위에 배우 얼굴을 하고 있는 거북이와 금붕어가 그려져 있다. 가부키 배우가 부채 그림에 활용되었던 시절에 대한 추억인지 거북이와 금붕어에는 배우 가문의 모양이 새겨져 있다.

금붕어는 일본 대중들이 좋아하는 것 중 하나인데, 에도 시대부터 우키요에 시리즈로 제작된 것에서 그 흔적을 찾아볼 수 있다. 배우 그림이 아닌 일상의 즐거움을 표현한 그림에도 금붕어가 출연한다.

「금붕어 모음집」(1842) 시리즈 중, <본본>에서는 금붕어들이 손을 잡고 걷고 있다. '본본'은 일본의 명절 오봉(お盆) 때, 아이들이 손을 잡고 옆으로 늘어서서 노래하며 걷는 풍속 때 같이 내는 소리인데 이를 묘사하기 위해 금붕어들이 입을 귀

엽게 벌리고 있다. 동행하고 있는 어린 개구리도 역시 입을 벌리고 있다. 이들이 부채처럼 들고 있는 것은 모두 일본 마쓰리(축제) 때 하는 '금붕어 구하기'에서 사용하는 그물망이다. <비눗방울아 비눗방울아>에서는 비눗방울 파는 상인을 의인화한 금붕어, 그리고 이를 구경하기 위해 모여든 금붕어와 아기 거북이를 등에 업은 엄마 거북이, 그리고 올챙이가 그려져 있다. 물속에 사는 금붕어들이 아가미로 숨을 쉴 때 나는 공기방울이 연상되어 비눗방울과 이어지는 이미지의 연결이 참신하고 자연스럽다.

(자료19) 「금붕어 모음집」〈본본〉(좌)·〈비눗방울아 비눗방울아〉(우)

한편, 콘텐츠로 이용되는 것이 꼭 살아있는 생물체인 것만은 아니었다. 료고쿠 다리의 불꽃놀이를 보러가는 정경을 연출한 「익살스런 화장 장난」의 부채 그림 시리즈에는 각종 화장 도구들 즉, 무생물들이 등장한다. <불꽃놀이>에서 료고쿠 다리[12]는 커다란 빗, 아이 손을 잡고 구경 가는 여인은 거울, 아이는 앞머리에 꽂는 머리 장식이며, 우키요에의 전통적 배경인 옅은 안개는 비녀인 간자시(簪)이다. 또 다른 아이는 이를 검게 물들이거나 화장의 색을 섞는 그릇이다. 오른쪽의 그릇 아이는 「어머니, 저기 보세요, 아름다워요」하며 기뻐하는 듯하다. 뒤에 보이는 불꽃놀이의 표현은 각종 머리 장식 도구가 담당하고 있다. 주 소비자층으로 여인들을 겨냥해 제작한 것으로 보이는 화장 도구 시리즈는 부채에 활용할 수 있는 그림으로서 실용적이면서도 내용물로는 흥미로운 장신구들이 소개되어 있어 분명 인기를 끌었을 것이다.

(자료20) 「익살스런 화장 장난」 중 〈불꽃놀이〉

　　현대에도 매체가 다를 뿐, 여성들은 새로운 화장품이나 헤어 도구들이 소개되면 관심을 가지고 클릭해서 보지 않는가. 구니요시도 아마 그와 비슷한 의도를 가지고 화장 도구를 홍보함과 동시에 에도의 불꽃놀이 풍경과 서정적인 정겨움까지 담아낸 것으로 보인다.

　　이뿐만 아니라, 살아있는 것도 죽은 것도 아닌 상상 속의 존재도 다채롭게 우키요에의 소재로 채택되었다. 오늘날에는 게임이나 망가·아니메에서 심심찮게 발견되는 바케모노(化け物), 즉 요괴들이다. '바케모노'는 단순히 한국어로 요괴, 귀신, 유령 또는 도깨비 등으로 치환하기 곤란한 일본적 특징이 다분한 미스터리한 존재들이다. 너구리 긴타마처럼 무엇이든지 바케모노가 될 수 있기 때문이다. 한편, 일본에서 옛날부터 내려오는 바케모노들은 우키요에에서뿐만 아니라 에도 오락 소설에서도 단골 등장인물들이어서 현대 미디어에서는 이러한 에도 시대 자료들을 바탕으로 바케모노들의 생김새나 특징을 파악하는 경우가 많다.

　　「바케모노 주신구라」(1839-42)는 가부키 『가나데혼 주신구라(仮名手本忠臣蔵)』[13]를 패러디해 전체 11단을 바케모노들이 나와 오리지널 장면을 각각 희화했는데 그중 11단만 그림 두 장으로 만들어져 전체 12장으로 구성되어 있다.

(자료21) 「바케모노 주신구라」(오른쪽부터 위에서 아래로 단의 전개)

　주군의 복수를 위해 가신들이 모두 희생당하는, 어찌 보면 비극 중의 비극인 이 이야기가 이 우키요에 속에서는 만화 같은 스타일의 그림에 기괴하면서도 유머러스하게 묘사되어 있다. 『가나데혼 주신구라』라 하면, 당시는 물론 지금도 흥행 보증 수표의 연극 목록이었다. 상연만 하면 반드시 사람들이 몰려오는 그런 작품이었기에 에도 서민들은 거의 모두 이 이야기를 알고 있었다. 따라서 주신구라의 패러디 그림은 독자들이 기본 스토리를 알기에 이를 어떻게 요리해도 더욱더 재미있게 감상할 수 있는 것이 되었다.

　2단에서 혼조가 꺾어야 할 소나무는 눈코입이 붙어있고 살아 움직인다. 5단에서는 총이 아닌 멧돼지의 방귀에 쓰러지는 사다쿠로가 있다. 에도 멋쟁이 사다쿠로로서는 모욕적인 일이 아닐 수 없다. 유라노스케가 유곽에서 방탕하게 놀면서 복수

계획을 숨기는 7단에서는 목이 긴 요괴가 오카루가 되어 마루 밑에 숨어 있는 구다유를 발견한다. 무대가 되는 판은 주신구라이긴 한데, 모든 것이 뒤틀려 있고 해괴한 요괴들의 천국이 되어 있다. 이처럼 패러디가 줄 수 있는 다양한 재미를 에도 서민들은 주신구라 패러디에서 누렸다.

에도의 패러디 소재는 인간을 대신해서 선택된 너구리, 고양이, 물고기 등의 생물체와 화장 도구와 같은 무생물 그리고 상상 속의 바케모노들까지 그 범주는 경계가 완전 허물어지고 상상을 초월한다. 덴포 개혁이라는 사건을 계기로 탄생되었다는 비화도 있지만 어찌 되었거나 당시 에도 서민들에게 그리고 오늘날 우리들에게 무한한 상상력과 함께 즐거움을 안겨주는 것만은 분명한 사실이다.

패러디의 즐거움, 이것이야말로 이노우에 히사시가 말한 인간만이 즐길 수 있는 '웃음'의 종류임에 틀림없다.

제4장 문화콘텐츠 개발자, 구니요시

구니요시는 대기만성형의 우키요에 화가였다. 65년이란 일생의 반은 무명이었고 나머지 반은 화가로서 명성을 쌓을 수 있었다. 그는 서른 즈음에『수호전』의 등장인물을 그린 그림 시리즈로 처음 이름을 알렸다. 이 시리즈로 그는 '무사 그림의 구니요시'라는 별명을 얻었고 당시 유명 화가인 우타가와 구니사다, 구니야스 등도 신예 구니요시의 그림을 패러디하기 시작했다. 구니요시는 옛날 전설이나 모노가타리 등에 등장했던 무사들을 개성적이고 박력있게 표현하며 이후 10년간은 무사 그림에 집중한다.

에도 시대의 연령으로서 서른은 이름을 알리기에는 늦은 나이였다. 그는 15살에 당대 최고 화가인 우타가와 도요쿠니 문하에 들어갔으나 도요쿠니의 관심을 받지 못했다. 나중에 라이벌이 되는 구니사다가 도요쿠니 뒤를 이을 준비를 하고 있던 것과 대조적이었다. 같은 동문의 선배 화가인 구니나오의 집에 얹혀살며 그가 받아오는 일거리를 같이 작업하며 그림 실력을 쌓아 갔다. 이때 구니나오는 호쿠사이 집에 자주 드나들며 사숙하였는데, 한 단계 거치긴 했지만 구니요시의 그림도 호쿠사이가 자주 사용한 큰 스케일의 서양화 기법의 영향을 받게 되었다. 구니요시의 무사 그림이 성공할 수 있었던 이유 중 하나도 곧 움직일듯한 동작 그리고 힘찬 생명력이 들어간 다이내믹한 표현에 있었다.

수호전 시리즈로 비로소 화가로서의 갈 길이 보인 구니요시에게 덴포 개혁은 모처럼의 성공이 물거품이 될지도 모를 큰 암초였다. 정치적 압력으로 인한 소재의 빈곤과 화려한 색채의 금지라는 제약은 화가인 구니요시는 물론 출판업에 종사하는 모두에게 반갑지 않은 소식이었다. 특히, 규정 중 '충효정절을 최고의 소재로 삼을 것', '그림체는 검소하게 할 것', '니시키에에는 미인(유녀, 게이샤)과 배우 그림 금지' 등은 우키요에 화가들에게 그림을 그리지 말라는 주문과 다를 바 없었다.

화가로서는 불우한 청춘시절을 보내고 뒤늦게나마 꽃을 피워보려 했던 구니요시 앞에는 두 가지 선택지가 있었다. 하나는 막부가 원하는 교훈적인 이야기로 가득 찬 그림책이나 우키요에를 그리는 것. 다른 하나는 이제까지는 없던 소재를 찾아 자신만의 아이디어로 사람들이 좋아할 만한 획기적인 그림을 그리는 것이다.

구니요시는 후자를 선택했다. 전자를 선택했다면 오늘날

우리는 구니요시를 기억하지 못했을 것이다. 당시는 우키요에든 무엇이든 출판물이라면, '패러디'가 일어나도록 만들어야했다. 그래야 잘 팔리고 인기를 얻을 수 있었다. 우키요에는 '인기의, 인기에 의한, 인기를 위한' '상품'으로서의 가치를 지닌 것이었다.

오리지널이라고 귀하게만 다룰 것이 아니라 누가 먼저 (클래식하게) 대단하거나 (새롭게) 기발한 것을 선보이면, 그 이후 그것과 똑같거나 비슷한 다른 무엇인가가 만들어지는 것이 더 중요했다. 오락 소설 작가들이 아이디어로 승부를 보는 것과 비슷하다. 막부가 원하는 소박한 그림은 사람들에게 흥미를 주지 못했을 것이며 몇 장 찍어낸다고 해도 그것으로 끝, 중쇄를 찍는 일은 없었을 것이다. 지금도 도서출판은 중쇄를 찍는 일이 얼마나 중요한가!

구니요시는 다양한 우키요에 콘텐츠를 개발하는 방법으로 이 난관을 헤쳐 나갔다. 그뿐만이 아니었다. 그는 에도 후기 우키요에를 다양하게 활용한 대표적인 화가로 남았다. 우키요에를 이야기할 때, 가쓰시카 호쿠사이나 우타가와 히로시게 등 세계적으로 주목받고 있는 화가도 있지만 일반인들은 구니요시를 사랑한다. 그는 실로 다양한 소재를 활용하여 사람들에게 친근한 우키요에를 만들었다. 대단한 그림인데도 예술적거리감이 생기지 않는다. 다양하고 엉뚱하며 웃기다. 징그럽고 무서운 그림도 있다. 야한 그림도 상당하다.

구니요시에 대해서는, '미인화의 우타마로'처럼 한마디로 정의 내릴 수 없다. '고양이 화가'라는 별명도 있지만, 이것만으로는 부족하다. 그의 스펙트럼은 너무나 넓었기 때문이다.

그래도 현대인과 구니요시를 이어주는 가장 큰 매력 포인트를 말해보자면, '귀엽다(가와이)' 그리고 '재미있다(오모시로이)'가 될 것이다.

1. 그림으로 읽는 글자

현대에는 에모지(絵文字)가 디지털 기기에서 쓰이는 다양한 그림 이모티콘을 가리키지만 구니요시가 사용한 에모지는 문자를 그림으로 재미있게 표현한 하나의 '놀이'였다. 구니요시는 「고양이로 표현한 문자」(1842) 시리즈를 내놓는데, 「고양이 애호 53마리」시리즈처럼 고양이들의 여러 다양한 몸짓을 그림으로 옮겨온 것이긴 하나 의미상이 아니라 표면적으로 문자를 이용하여 하나의 단어를 만들어 낸다는 것이 이전 시리즈와 다른 점이다.

귀여운 고양이들은 좋아하는 물고기의 이름을 자신들의 몸으로 표현하고 있다. 일본어 히라가나 한 획에 여러 마리의 고양이가 엉켜서 글자를 만들고 있다(물고기도 섞여있긴 하다). 윤곽선 안에 낱개의 고양이 모습을 종합하면 글자가 되는 마치 오늘날의 직소 퍼즐과도 같은 원리이다. 또한 상단에 구니요시는 재치 있는 디자인으로 별도의 장식을 만들어 글자가 가리키는 물고기를 그려놓았다. 글자를 읽고 물고기 이름을 알아맞히고 실물을 이미지로 확인하는 프로세스이다.

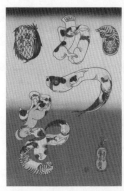

① 가쓰오(かつを)   ② 나마즈(なまづ)

③ 우나기(うなぎ)   ④ 다코(たこ)   ⑤ 후구(ふぐ)

(자료22) 「고양이로 표현한 문자」

이 시리즈에 통일된 디자인은 왼쪽 상단의 그물망 같은 무늬에 테마인 물고기 모습이 곁들여져 있고 오른쪽 하단의 화가 서명에는 방울이 달린 고양이 목걸이 디자인의 테두리 안에 「이치유사이[14] 구니요시희화(一勇斎國芳戲画)」라고 적혀있는 것이다.(자료22-각 그림의 오른쪽 아래) 본 그림 자체도 그림으로 글자를 읽는 것인데, 화가 서명 디자인도 자세히 들여다보면 빨간 목걸이가 구니요시의 '요시(よし)' 모양을 하고 있다. 이렇게 아주 조그마한 곳에도 아이디어를 낸 구니요시의 디자인 감각을 발견할 수 있다.

가다랑어인 가쓰오는 고양이들이 좋아하는 먹이이기도 하다.(자료22-①) 가쓰오의 '쓰(つ)' 부분에는 헤엄을 치듯 부드럽게 움직이는 주욱 뻗은 고양이가 가쓰오를 입에 물고 있다. 메기를 나타내는 '나마즈' 글자 그림에는 날뛰는 메기를 진정시키는 표주박이 함께 그려져 있다.(자료22-②) 나마즈 문자 그림의 고양이들은 유독 몸을 꾸깃꾸깃 서로 밀착시키고 있어 밀도가 높다. 획을 시계방향으로 회전시킬 필요가 있는 부분에는 곡선을 표현하기 위해 헤엄치는 메기가 그려져 있다. 덩치 큰 메기는 당시 우키요에에서 많이 사용되는 소재였는데 특히 재난이 닥쳐올 때 무사를 기원하는 '메기 그림(鯰絵)'[15] 장르는 에도 후기에 크게 유행한 것이다.

장어를 나타내는 '우나기'에서는 글자를 흘려 써야 하는 부분에 우나기가 고양이들과 연결되어 있다.(자료22-③) '나(な)'의 글자에는 어미고양이에게 몸을 붙이고 자고 있는 아기고양이들의 모습이 있다. 혹시나 이탈되지 않을까 한 다리로 잡고 있는 모습이 사랑스럽다. 또한 '기(き)'의 글자에 가로 두 줄을 담당한 고양이들은 자신의 몸을 뻗으면 글자가 성립되지 않기에 최대한 다리를 몸 쪽으로 모으고 있는 모습이 재미있다. '기'의 글자에 탁음 표시를 위해, 우나기 머리 부분만 덩그러니 잘라놔서 순간 흠칫하게 된다. 잊고 있었던 갑작스러운 놀라움의 재등장이다.

다코야키로 유명한 문어 그림인 '다코' 문자 그림을 보자. (자료22-④) 제목 부분에 문어가 그물망을 외부에서 완전히 감싸고 두 눈을 부릅뜨고 있다. 고양이들에게 잡히지 않겠다는 것일까. 이 그림에서 고양이들은 크고 건장하다. 중간에 자고 있는 고양이들도 있지만 문어와 씨름하고 있는 고양이들의 모습이 다부지다. 「고양이 애호 53마리」에서도 커다란 문어를 물고 가는 고양이 「오모이조(무겁지)」가 지명 오이소(大磯)에 곁들여진 바 있다. 문어도 메기처럼 우키요에 화가들이 즐겨 사용한 제재 중 하나이다. 특히 호쿠사이의 문어 그림은 꽤 유명해서 영화 <아가씨>(2016)에서도 등장하여 성적인 메타포로 사용되었지만 구니요시 그림에서는 그런 요소를 전혀 찾아 볼 수 없다.

복어인 '후구'는 에도 서민들에게는 애증의 물고기이다.(자료22-⑤) 당시는 독을 빼는 요리법이 그리 발달되지 않아서 하이카이[16] 시인 마쓰오 바쇼의 경우도 복어를 먹고 다음날 살아있어서 무릎을 치며 다행이라고 외치는 짧은 시까지 남겼다. 아이러니한 일이다. 맛있지만 비싸고 게다가 독까지 들어있어 한 번 맛보기가 여차했을 것이다. '후' 글자의 가운데를 유영하고 있는 복어, 그 양 옆에 고양이들이 마치 의무를 다하듯 손을 뻗은 채로 지켜보고 있다. 글자 '구'의 탁음을 표현하기 위해 아기고양이 두 마리가 최대한 몸을 웅크리고 작게 원을 만들어 보이고 있다. 맨 아래 고양이는 목걸이로 그네를 타며 아래를 내려다보고 있는데 왠지 요염하다.

게다가 전체에서 '즈', '냐', '코', '구'는 지금 히라가나로는 사용하지 않는 헨타이가나(変体仮名)[17]를 사용하고 있다. 지금 일본어는 발음 하나에 문자 하나로 정해져 있지만 이와는 다르게 다채롭게 문자를 골라 사용했던 에도 시대의 문자 변용도 들여다볼 수 있다.

「고양이로 표현한 문자」시리즈의 모양 하나하나를 들여다보고 있으면 이상하지만 즐거운 재미가 생긴다. 고양이에 대해 잘 알고 있어서 이런 동작이 익숙하다고 해도 완전히 현실적인 모습만 그려낸 것도 아니다. 물고기를 주제로 하고 있어서 그런지 이 시리즈의 배경은 맛있는 먹이를 찾아 물속을 떠다니는 고양이들의 상상의 세계 같기도 하다. 구니요시가 연출한 고양이들의 연기는 '그림자 그림'(影絵, 자료26 참고)이라는 장르에서 종합적으로 나타나게 된다.

구니요시는 이처럼 고양이를 콘텐츠로 삼아 고양이 자체로 서만 그린 것이 아니라 글자를 표현하기도 하고 수수께끼처럼 모양을 바꾸기도 하며 여러 가지로 활용하였다. 이것은 배우 나 미인을 그리지 못한 시기에 생각해낸 기발한 아이디어임에 틀림없다. 주변에서 발견되는 일상적인 소재를 재치 있게 활 용함으로서 대중의 이목을 끄는 방법으로 친근한 소재의 새로 운 변용이 이때부터 본격적으로 펼쳐지기 시작한다.

2. 겉보기엔 무섭지만

구니요시가 콘텐츠로서 동물들만 이용한 것은 아니다. 인 간의 신체도 「고양이로 표현한 문자」처럼 다채롭게 활용하였 다. 인간의 몸을 모아서 또 다른 것을 만드는, 약간은 그로테 스크한 그림들이 있다.

「겉보기엔 무섭지만 굉장히 좋은 사람이다」(1847)가 대표적 인 예인데, 여러 사람의 신체를 모아 한 사람을 완성했다. 얼 굴 각 부분을 이루고 있는 신체의 세부적인 묘사에서 아이디 어가 돋보인다. 「겉보기엔 무섭지만」에서 코에는 뒷모습의 사 람이 얼굴에서 떨어지지 않으려고 필사적으로 붙어 있는데 다 리가 콧구멍이 되고 팔이 그대로 눈두덩을 표현하고 있다. 위 로 이어진 눈썹은 마치 스모 선수가 샅바를 잡듯 구부린 모습을 연출하여 자연스럽게 머리와 이어지고 있다. 귀와 손까지 한두 사람의 신체를 이용한 것이 기발하다.

(자료23) 「겉보기엔 무섭지만 굉장히 좋은 사람이다」(좌) ·
「노인 같은 젊은 사람이다」(우)

그림 안의 글 부분에는 「많은 사람들이 가까이 모여들어 마침내 좋은 사람으로 마무리했다. 여하튼 사람의 일은 사람에 의해 하지 않으면 좋은 사람으로 완성되지 못한다」고 적혀 있다. 기이한 그림이지만 내용은 다분히 평범하다.

이러한 스타일의 그림을 당시 '모음 그림(寄せ絵)'라고 했는데, 여러 가지를 조합하여 다른 무엇인가로 만든다는 것으로 인기 우키요에의 한 종류였다. 이것 외에도 「노인 같은 젊은 사람이다」, 「사람 엉겨붙어 사람이 되다」, 「사람을 업신여긴

사람이다」 등의 다른 작품도 있는데, 「노인 같은 젊은 사람이
다」에는 유일하게 여성이 등장한다.

「노인 같은」의 글 부분에는 「이런저런 사람이 모여 나의 얼
굴을 세워 주어 정말 기쁘다. 여러 사람 덕분에 드디어 사람
같은 얼굴이 되었습니다」라고 적혀있다. 그로테스크한 그림
자체와는 달리 교훈적인 내용의 글이 첨가되어 있는 것은 어
느 정도 사회적 분위기를 반영한 것이라 볼 수 있다. 독자들
은 그림에 놀랐으나 내용에 안도한 것은 아닐까. 들었다 났다
하는 즐거움을 준 것일지도 모른다. 모음 그림은 이후 구니요
시 말고도 다른 화가들에 의해서도 그려진다.

사람 얼굴을 이용한 또 다른 그림 유형 중 '상하 그림(上下
絵)'란 것이 있다. 한 사람의 얼굴을 그리고 위아래를 거꾸로
뒤집으면 다른 사람의 얼굴이 되는 것인데, 구니요시의 「양면
상」 시리즈가 있다. 달마를 거꾸로 하면 악인이 되고 노인의
얼굴을 거꾸로 하면 가부키 <스케로쿠>에 나오는 연적 이큐
의 얼굴로 변한다.(자료24)

이처럼 여러 사람의 신체를 이용해 한 사람의 얼굴로 만들
고 한 사람의 얼굴을 거꾸로 뒤집어 다른 사람을 만든 방식은
16세기 이탈리아 궁정 화가 아르침볼도(Giuseppe Arcimboldo)의 작
품에도 발견되는 것이다. 그는 채소나 과일 등의 조합으로 사
람 얼굴이 되는 초상화를 만들었는데 그것들은 훨씬 더 기이
한 그림들이다.

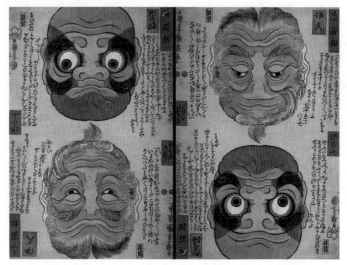

(자료24) 「양면상」(왼쪽 그림을 상하로 뒤집으면 오른쪽 그림이 된다.)

　구니요시가 아르침볼도에게서 힌트를 얻었는지는 오늘날 확인할 수 없다. 연구자들이 노력을 기울이고 있으나 진위를 가리기는 어렵다. 누가 최초인가는 이미 이 현대 사회에서는 그리 중요하지도 않다. 또한 방법이 비슷하다 해도 그림에서 느껴지는 온도 차는 크므로 같은 류의 그림으로 인식되지는 않는다. 아르침볼도의 그림은 차갑고 건조하며 공기의 부재가 느껴지는 것이 어쩐지 이 세상 그림 같지 않다. 한편 구니요시의 것은 기이한 것 같아도 가까이 살펴보면 우스꽝스럽기도 하고 만화 같은 느낌이다. 게다가 설명은 교훈적이기까지 하다. 우리는 그저 이 시뮬라크르들을 즐기면 될 것 같다.

한편, 구니요시의 「하품 멈추는 인물 사라사」(1838~44)는 사람의 신체를 얽히고설키게 하여 엮은 그림이다. 제목 아래에 「14명의 몸으로 35명이 보인다」라고 적혀 있지만 실제로 세어 보면 17명의 얼굴이다. 훈도시 차림의 남자들이 서로의 콧구멍을 막고 입을 막고 눈을 찌르고 야단법석이다. 이렇게 하면 하품을 멈출 수 있는 것일까. 아니면 처음부터 맞지 않는 숫자를 헤아리고 몸통이 몇 개인지 세다 보면 하품 따위 잊히는 것일까. 상반신을 공유하고 하반신은 두서너 명의 사람이 되는 복잡한 얽힘이다. 등장인물도 무사, 상인, 목수, 귀족, 맹인의 비파 연주자 등 다양한 계층의 사람들의 시뮬라크르들이 모여 커다란 덩어리의 인간 사라사 무늬를 만들고 있다.

하품은 너나 할 것 없이 모든 사람에게 다 해당되는 것이니 그도 그럴만하다.

3. '가와이'와 '오모시로이'

현대에 들어오면서 구니요시의 인기가 많아진 이유는 무엇일까. 만화가들의 관심이 증가하고 도쿄 주요 미술관과 박물관에서 연중 구니요시 관련 전시가 열리고 있다. 온라인 미술관에서도 마찬가지이다. 확실히 구니요시의 미인화나 풍경화는 그 분야의 대가인 우타마로나 히로시게 그리고 호쿠사이 등과 다른 점이 있다.

하루노부의 그림 속 여인은 꿈을 꾸는 듯 이 세상 사람 같지 않고 평범해도 당시의 미인들을 그렸다는 우타마로의 여인들은 말 붙이기 쉽지 않은 인상이다. 소박하고 애잔한 여인들의 그림이지만 어쩐지 그들만의 공상의 세계에 빠져 있는 듯하다. 이에 비해 구니요시의 여인들은 친밀감이 감돈다. 시선도 먼 곳을 바라보는 것이 아니라 바로 가까이에서 마주하고 있는 느낌이다. 이것을 다르게 표현하면, 남들과 다른 '아름다운' 미인이 아닌, 정이 가는 따뜻한 '가와이'한 미인이다.

'가와이'는 일본 문화에서 보통의 큐트하다는 범주를 넘어 깨끗하고 사랑스럽고 소중하다는 의미가 있다. 일본 아이돌 가수들이 노래를 좀 못해도 귀여운 얼굴로 성공한 예와 같은 귀여움이 '가와이'로 설명되곤 하는데, 구니요시의 그림 속 여인들도 모든 것을 갖추어 여성스럽게 성숙한 느낌으로 아름답다기보다 동작에서 오는 친밀함, 얼굴 표정에서 느껴지는 공감대 등이 어우러져 '사랑스러운' 인상이 남는다.

구니요시 그림의 가와이 인상은 인간이 아닌 동물이나 요괴 등을 소재로 삼은 것에서도 잘 드러난다. 히로시게나 호쿠사이도 동물을 다룬 작품이 있으나 그 표현은 상식적이고 매끈하게 그려졌다. 그에 비해 구니요시의 동물들에는 작가의 따뜻한 애정이 묻어있다. 특히 구니요시는 작품에서는 동물들이라고 인간과 다르게 그린 것이 아니라 똑같이 생명을 가진 존재로 인간과 다를 바 없이 다루어졌다.

앞서 너구리, 고양이, 금붕어, 참새 그리고 요괴들을 다룬 그림을 봤지만, 이외에도 강아지, 여우, 코끼리, 문어, 개구리, 거북이, 박쥐, 거미, 각종 새들 그리고 십이지에 속한 동물들, 꽈리와 같은 식물들, 상상 속의 덴구(天狗), 달마, 여러 요괴들이 구니요시 그림에 등장한다. 전설을 패러디한 그림에는 물론 무섭게 그려진 요괴들이 등장하기도 하지만 열거한 위 그림 소재들의 공통된 특징은 그 묘사가 독보적으로 어딘가 '가와이' 하다는 것이다.

여기에 한 가지 더 현대와 이어지는 구니요시의 개성은, 바로 재미있고 흥미롭다는 '오모시로이' 감각이다. 앞서 모음 그림과 상하 그림에서 이와 같은 특징을 조금 살펴봤으나, 이외에도 말로 하는 장난이 더해진 말장난 그림(地口絵), 그림자로 수수께끼를 만드는 그림자 그림, 붓 대신 못으로 그린 못 그림(釘絵), 가부키 배우의 연기 동작을 동식물 또는 인간이 흉내내는 것으로 그린 몸짓 그림(身振絵) 등이 이 '오모시로이' 한 특징이 주가 된 것들이다.

앞서 말장난 그림의 종류로 「고양이 애호 53마리」가 있었는데, 이번에는 고양이가 아닌 사람 얼굴로 전국 53개의 역참을 빗댄 또 다른 패러디 「묘하게 이상한 심정을 보이는 53개의 얼굴」(1847-52, 이하 「53개의 얼굴」)을 소개한다. 이것 역시 히로시게의 「도카이도 53역참」의 일본어 발음과 비슷하게 제목을 맞춘 것이다.

(자료25) 「묘하게 이상한 심정을 보이는 53개의 얼굴」 중(좌)·요시와라 부분(우)

내용은, 사람의 성격 유형을 53개 역참 이름(지명)에 곁말(말
장난)로 곁들여 그 성격에 대해 풀이해 놓은 것이다. 「고양이
애호 53마리」에서 얼룩무늬 고양이 부치가 등장하여 배를 핥
고 있는 모습으로 '부치하라'라는 이름이 붙였던 '요시와라'에
대한 항목을 보면, 토라진 듯한 여인이 곁눈질하고 있는데 속
내를 알 수가 없다. 설명에는, 「누가 덥다고 하면 춥다고 하
고, 재미있구나 하면 재미없어 라고 하고, 하여간에 비비꼬는

뱃속에 나쁜 벌레가 있는 것이다. 따라서 '무시바라'라고 한다 (무시=벌레, 바라=배)」라는 설명이 있고 '요시와라'는 '무시바라' 로 빗대어져 있다.

그림자를 활용하는 그림자 그림은 수수께끼를 푸는 재미가 있다. 아니메 <폼포코>에서도 나왔던 구니요시 그림 중 하나 가 이 그림자 그림 종류다. 손이나 몸을 장지문이나 벽 등에 비춰 생기는 그림자 형태를 그린 것과 그것과 매치한 상상의 모습, 이 두 가지가 병행하며 전혀 다른 것처럼 등장해 있다. 그림자 부분은 검은 단색의 실루엣이다. 어렸을 때 한 번 쯤 은 해봤을 법한 놀이로 에도 시대에는 성인들의 술자리에서 여흥으로도 이용되었다.

구니요시의 「그 그림자 알맞게 잘 비춘 그림」(1847-52) 시리 즈 중 하나는 사냥꾼에 너구리를, 금붕어에 잉어를 빗대어 그 림자 그림으로 구성한 것이다.(자료26-①) 너구리 몸통은 금붕 어의 꼬리, 너구리 긴타마와 그것에 포획당한 사냥꾼은 금붕 어의 몸통, 떨어트린 사냥꾼의 총포는 잉어에 해당한다. 사냥 꾼과 너구리, 그리고 총은 앞서 다루었던 가치카치야마의 속 편 부모 원수 갚는 너구리 이야기인 기산지 작품을 떠올리게 한다.

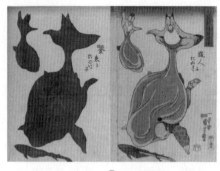

①

②

③

(자료26) 「그 그림자 알맞게 잘 비춘 그림」

이외에도 새우에 조개인가 싶었는데 무성한 갈대 초원 속에서 낚싯대 두 대를 잡고 고기를 잡는 낚시꾼의 모습인 그림(자료26-②) 그리고 연회 등에서 자리를 흥겹게 하며 손님의 비위를 맞춰주는 역할인 다이코모치의 옆얼굴인가 했는데 큰 종을 등에 동여매고 있는 전설의 벤케이의 늠름한 모습의 그림(자료26-③)이다. 다이코모치와 정반대의 성격의 인물 설정이다.

'헤타우마(ヘタウマ)'라는 말이 있다. 주로 1970년대 일러스트레이터들 사이에서 사용되기 시작했는데, 지금은 '의도적으로 서툴러 보이게 그린다' 라는 뜻으로 갸우뚱하게 하거나 귀엽게 보이는 것을 특징으로 살린 일러스트다. 이 '헤타우마라' 는 말이 꼭 들어맞는 구니요시의 '오모시로이'한 특징이 발견되는 것이 「닮았기에 창고 벽의 낙서」(1848-50, 이하 「창고 벽의 낙서」) 그림이다.

① ②

③　　　　　　④　　　　　　⑤

(자료27) 「닮았기에 창고 벽의 낙서」

　이 그림은 못 그림의 종류로 붓 대신 '못'으로 표현하여 마치 오늘날 만화 같은 스타일로 탄생하였다. 이 그림은 이전까지 에도 서민들 사이에 유행한 배우 니가오에를 패러디한 것이다. 덴포 개혁으로 막부가 배우 니가오에의 출판을 금지했기에 고안해 낸 구니요시의 아이디어 중 하나인데, 그림 초보자가 벽에 낙서한 듯한 서투름이 첫인상이지만 자세히 보면 실제 배우를 캐리커처 방식으로 정확하게 묘사해 내고 있다. 「창고 벽의 낙서」도 일부러 서투른 듯 그렸지만 구니요시는 철저하게 인물 하나하나를 표현함으로써 완벽한 희화를 만들어 낼 수 있었다.

　「창고 벽의 낙서」[18]는 총 다섯 장으로 이루어져 있는데 석 장은 노란 가로 테두리, 두 장은 회색의 테두리가 아래에 둘러져 있다. 그려진 배우들은 모두 당시의 유명인들이었는데, 교잔의 『으스름달 고양이 이야기』의 도라와 이와부치의 배우

였던 사와무라 돗쇼의 모습도 들어있다(자료27-③의 오른쪽 맨 아래). 낙서처럼 쓰인 글자 중에 '센본사쿠라(千本さくら)'는 가부키 『요시쓰네 센본자쿠라(義経千本櫻)』를 가리키며 배우는 나카무라 우타에몬이다.(자료27-②의 오른쪽 맨 아래/ 얼굴 클로즈업은 자료 28-① 그는 이 가부키에서 여우 '다다노부'를 연기했는데 그를 나타내는 소품인 북이 그려져 있다. 이 북은 다다노부의 어미의 가죽으로 만든 것으로 다다노부와 밀접한 관련이 있어 에도 서민들은 이 두 가지 힌트로 이 배우가 누구인지 알아차렸을 것이다.

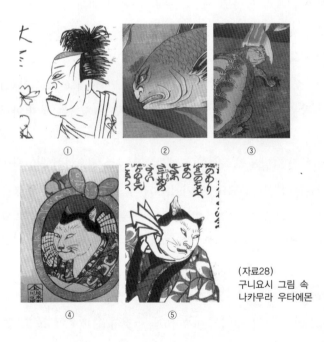

(자료28)
구니요시 그림 속
나카무라 우타에몬

우타에몬은 구니요시의 「물고기의 심정」(자료28-②), 「닮았는가 금붕어」(자료28-③), 「유행 고양이의 퍼포먼스」(자료28-④), 「유행 고양이의 장난」(자료28-⑤) 시리즈 등에도 등장한다. 가부키 배우의 존재가 구니요시에 의해 물고기로, 거북이로, 고양이로, 이차원적인 낙서 그림으로 변하면서 생물학적 범주를 초월한 성격의 시뮬라크르로 확장되고 있다.

흙벽에 펜으로 스케치한 것과 같은 느낌의 「창고 벽의 낙서」는 오늘날 일본의 만화는 물론 캐릭터 등을 캐리커처로 표현하는 기법과 상당히 유사하다. 굳이 덴포 개혁에 대한 반골정신이라 하지 않아도 배우 그림을 이렇게 현대적인 캐리커처 같은 그림으로 만들어 낸 그 발상에서, 구니요시의 감각은 일본 만화 문화의 원류로서도 제시될 수 있다.

몸짓 그림은 오늘날 예능인들이 한 번씩 개그 프로그램에서 활용하는 방식인데 단순히 목소리만을 묘사하는 것이 아니라 얼굴 표정과 동작을 그대로 흉내 내는 것이다. 에도 시대에 몸짓 그림은 술좌석이나 연회에서 자주 사용하여 참고서의 역할도 하였다. 도요쿠니가 1800년대 초반에 10개의 동작을 그린 그림에 산토 교덴의 교카가 곁들여진 시리즈가 유명하다. 당대 최고의 화가와 게사쿠 작가가 협업했다는 점은 서민들 사이에서 이 몸짓 흉내 내기가 상당히 인기가 있었다는 것의 방증이다. 이후 구니요시도 몸짓 그림을 제작하였는데, 「익살스러운 동작 십이지」(1847-52)가 그것이고 배우의 몸짓으로 십이지의 동물을 흉내 낸다는 아이디어가 들어있다.

(자료29) 도요쿠니·교덴의 몸짓 그림(위)·
구니요시 「익살스러운 동작 십이지」(아래)

　미인과 배우 그림이 주류를 이루던 에도 후기 우키요에 화
단은 덴포 개혁으로 인해 이 두 종류를 출판할 수 없게 되었
다. 미인과 배우 그림이 화려한 색상과 도안으로 더욱 세밀해
지고 복잡해져 인기에 인기를 더한 시점이었던 터라 많은 우

키요에 화가들은 금지령에 좌절했을 것이다. 그러나 구니요시는 위에서 살펴본 것과 같이 다양한 소재로 다양한 방식의 그림을 시도함으로써 자신은 물론이고 자신의 제자들까지 인기 우키요에 화가로 만들어 내는 데 성공하였다.

도요쿠니라는 스승 그리고 선배 화가들이 가는 길만 답습했더라면 구니요시와 구니요시의 수많은 제자로 이루어진 동문은 존재하지 못했을 것이다. 문화 크리에이터들에게는 예나 지금이나 '걸어 보지 못한 길(The Road Not Taken)'로의 과감한 한 발짝 내딛음이 필요한가 보다.

And that has made all the difference.

4. 현대 만화에 등장하다

구니요시가 덴포 개혁의 위기를 극복하기 위해 시도한 다양한 도전들이 여러 문화콘텐츠를 발생시켰고 오늘날에도 그의 작품은 전체 또는 부분적으로 전시는 물론 일상 용품 등에도 활용되고 있다. 그뿐만이 아닌 구니요시와 구니요시의 제자들 그 사람들 자체가 현대 만화의 콘텐츠가 되고 있다.

『고양이화가 주베의 기묘한 이야기』(2018-, 이하 『고양이화가 주베』)는 <네코판치>에서 2017년 4월부터 연재되다 단행본 만화책으로 간행되었다. 아직 완결되지 않았으며 한국에서도 번

역이 되어 계속 출간 중이다. 『고양이화가 주베』의 모티브는 구니요시의 우키요에 그림 한 장에서 비롯되었다. 「쥐 잡는 고양이」(1841)라는 작품이다. (자료30)

(자료30) 「쥐 잡는 고양이」

만화 속 시대적 배경은 에도 후기, 주인공 주베는 우키요에 화가지만 사람 그리기는 서툴다. 대신 고양이 하나는 기막히게 잘 그려서 에도 곳곳에서 고양이 그림 의뢰가 들어온다. 주베는 자신의 고양이를 등에 태우고 집집마다 방문하여 고양이를 그려준다. 고양이 그림 의뢰 중에서도 특히 '쥐를 퇴치하는 고양이'를 그려 달라는 부탁이 제일 많다.

주베와 항상 같이 다니는 고양이가 있다. '니타'라는 이름의 고양이인데, 삼색의 나이든 고양이지만 실체는 일본고전의 괴담이나 전설에 나오는 꼬리가 둘로 갈라진 요괴고양이 네코마타(猫又)이다. 주베 외 다른 사람들에게는 고양이로 상대하지만, 주베와 다른 고양이에게는 말을 걸기도 하고 주술을 부리기도 한다. 연륜이 있는 고양이로서 언제나 술을 좋아하고 담뱃대를 들고 있는데 힘없는 사람과 고양이들에게는 관대하지만 악한 인간에게는 아주 호되게 되갚음을 해주는 듬직한 성격이다.

주베와 니타가 에도를 기점으로 여러 사람과 고양이들을 만나며 벌어지는 에피소드들이 한 권에 대여섯의 단편으로 구성되어 있다. 고양이와 화가, 그리고 에도 시대, 이 세 가지 키워드를 보면 이 책을 읽는 독자들은 이제 '구니요시'가 떠올려질 것이다. 아니나다를까 만화 안에서 주베는 구니요시의 제자로 소개된다. 그래서 구니요시 본인이 등판하는데, '네코키치 스승 주겐'이라는 인물로 나오며 그가 제자들을 데리고 살던 집과 주변 인물들도 등장한다.

구니요시는 스승으로부터 선택받지 못한 것에 대한 아픈 기억이, 자신이 스승이 된 후 더 많은 포용과 사랑으로 제자들을 양성하게 된 계기가 되었던 것 같다. 구니요시 일가는 한 집에서 생활하는 제자들뿐만 아니라 오늘날 화실처럼 통근을 하며 그림을 배우러 오는 학생들도 있었다. 고양이들이 뒹굴고 있고 제자들로 북적북적한 모습을 앞서 교사이 그림에서 볼 수 있었는데『고양이화가 주베』의 작가도 그러한 자료를 참고한 것으로 보인다.

에도 시대에는 쥐 퇴치용의 그림을 그리는 화가가 실제로 있었다. 보통은 스님의 모습을 하고 있었다고 한다. 그리고 작가 나가오 마루는 주겐의 모델을 우타가와 구니요시로 한다고 직접 밝히며 구니요시의 고양이 그림은 비할 데 없는 매우 훌륭한 것이라며 칭찬하고 있다. 자신의 만화 소재가 일본 전통의 에도 시대의 고양이 그림에서 온 것이며 이와 관련된 역사적 사실을 명시한 것이다. 그에게는 구니요시의 수많은 고양이 그림에서 얻어진 고양이의 특성, 성격, 외모 등이 참고가 되었다. 「고양이 애호 53마리」 한 장에만 해도 얼마나 다양한 몸짓이 표현되어 있던가! 또한 만화의 각종 에피소드에 등장하는 고양이 외 다른 동물들, 예를 들어 호랑이 그림 같은 것도 구니요시의 호랑이 그림에서 비롯되었다(그렇다. 이 책의 애니멀 콘텐츠 장에서는 빠졌지만, 구니요시는 호랑이도 그렸다). 작가는 자신의 만화 소재로 구니요시라는 인물뿐만 아니라 그의 작품들도 콘텐츠로 다양하게 활용하고 있는 것이다.

자신들의 전통 문화에서 실제 인물과 작품을 소재로 가져와 현대인들도 재미있게 읽을 수 있게 만든 이와 같은 만화는 자연스럽게 일본의 근세라는 시대를 후손들에게 알려 주고 있다. 게다가 매회마다 등장하는 옛 에도의 풍습이나 생활상의 묘사를 마치 에도 시대 때 구사조시가 그랬듯이 현대는 일본 만화가 그 역할을 이어받고 있는 것이다.

미디어의 겉모습은 질적으로 진화 또는 발전했지만 시각 이미지를 통해 문화를 접하는 방식의 원리는 크게 변하지 않은 것 같다.

5. 구니요시 스쿨

구니요시가 응용한 문화 콘텐츠들은 이 책에서 소개된 것 외에도 더 많은 것들이 있다. 우키요에의 변용은 구니요시에서 끝나지 않고 그의 제자들이 더욱더 확대시켜 갔다. 구니요시의 그림 스타일에 공감하고 또 그 인품을 따르고자 한 자들이 지속적으로 모여 구니요시 동문을 형성했다. 구니요시는 우키요에 화가들 중에서 가장 많은 제자를 받아들였다.[19] 가족처럼 구니요시 집에 기거하며 스승의 화풍을 이어가면서도 역시 구니요시의 제자들답게 자신만의 장르를 개척하며 새로운 시도를 한 이들도 적지 않았다.

구니요시 동문은 오늘로 치면 프로덕션과 같았다. 도요쿠니 밑에서 기를 펴지 못했던 구니요시가 자신의 제자들에게는 그런 고생을 시키고 싶지 않았던 것인지 제자들의 데뷔를 힘써 도와주고 자신이 받아온 그림 주문에 같이 참여시키는 경우도 많았다.

구니요시의 「벽오동나무 디자인의 늠름한 구니요시」(1848경, 이하 「늠름한 구니요시」)는 구니요시와 제자들이 화면 전체에 단체로 등장하는 '세 장 연속 그림'이다. 구니요시는 '뒷모습의 구니요시'로 유명한데 가끔 우키요에에 등장하는 본인의 모습을 항상 뒷모습으로 그려놓기 때문이다. 「늠름한 구니요시」에서도 마찬가지다. 축제를 즐기러 나온 구니요시 동문의 행

렬이 화려한 색채와 몸짓으로 표현되어 있다.

(자료31) 「벽오동나무 디자인의 늠름한 구니요시」

'늠름한(勇)'은 구니요시의 '이치유사이(一勇齋)'라는 호에 빗댄 단어 선택이다. 선두에서 힘차게 대열을 이끄는 구니요시, 제자들은 자신들의 이름이 적힌 부채를 손에 들고 즐겁게 따르고 있다. 부채에는 요시쓰루, 요시후지, 요시유키, 요시쓰나, 요시카네, 요시카즈 그리고 몇몇 히라가나로 쓰여진 이름도 보인다.

구니요시 제자 중 양대 산맥으로 가장 유명한 요시이쿠와 요시토시의 이름은 보이지 않는데, 이는 1848년경을 제작 연도로 볼 때 이 둘이 아직 열 살 언저리의 어린이들이었기 때문일 것이다. 이름은 표기되어 있지 않지만 그림 속 어른들 사이에 끼여 있는 어린이들 중 분명히 이들이 있을 것이다.

(자료32) 「53역참 안 고양이의 기괴함」

각자의 개성을 존중한 구니요시 동문의 분위기였을까. 좋아하는 것으로 차려입었을 제자들의 모습에서 막부말 혼란의 시기에도 이곳에서만큼은 따뜻한 여유가 엿보인다. 말로 백 번 설명하는 것보다 이 「늠름한 구니요시」한 장의 우키요에가 구니요시 동문이 당시 어떠했는지를 잘 보여주고 있다.

구니요시의 제자들 중, 요시후지는 구니요시의 그림으로 글자를 읽는 에모지 패러디를 더욱 확대시켰다. 물고기 이름을 심플하게 표현한 스승의 그림에서 힌트를 얻은 요시후지는 본격적으로 교육용 우키요에에 뛰어든다. 「인물 이로하 글씨본」은 에도 시대 때 히라가나의 알파벳 격인 '이로하 노래'를 사람의 모습으로 표현한 것이다.

이후에는 '장난감 그림'을 전문적으로 다루게 되어 우키요에를 게임처럼 이용할 수 있도록 고안하는, 주로 어린이들을 위한 우키요에를 많이 제작한다. 또한 모음 그림 장르에서는 스승의 스타일을 변용한다. 고양이들이 모여 해골을 만드는 구니요시 작품이 있었는데, 요시후지는 이 해골 그림과 「겉보기엔 무섭지만」 두 작품을 동시에 패러디해 「53역참 안 고양이의 기괴함」(1847-52)이란 작품을 창작한다. 고양이들이 모여 커다란 고양이의 얼굴이 되는 이 그림이 주는 인상은 엄청나다.

구니요시가 고양이 목걸이의 끈과 방울을 '귀엽게' 디자인하여 그림 곳곳에 포인트를 주었다면, 요시후지는 방울을 고양이의 성난 눈으로 그리고 빨간 목걸이 끈을 고양이의 혀로 표현하였고 모여 있는 다른 고양이들의 표정도 예사롭지 않아 괴기스러운 분위기를 연출했다. 스승 구니요시의 '가와이'는 온데간데없다.

'무사 그림의 구니요시'였던 것만큼 거의 모든 제자들에게 무사 그림과 미인화는 반드시 마스터해야 하는 종류의 그림이었고 구니요시의 유명 제자들은 모두 이를 능숙하게 그려냈다. 그중에서도 요시이쿠의 무사 그림은 특히 스승의 것과 닮았고, 미인화는 요시토시의 것이 그러했다.

한편, 가와나베 교사이는 어린 시절 잠시 구니요시 동문에서 그림을 배웠는데, 너무나 자유로운 그곳의 분위기가 자식의 장래에 끼칠 영향을 염려한 교사이의 아버지는 어린 교사이를 정통 가노파(狩野派)로 옮긴다. 하지만 교사이는 오늘날 가장 유명한 '메이지의 만화가'로 알려져 있는 만큼 구니요시 동문의 화풍과 비슷한 구석이 많다. 구니요시처럼 동물과 무생물 그리고 상상속의 요괴들을 자주 등장시켰는데 개구리나

쥐를 패러디한 작품은 그 스케일과 밀도 높은 구성에 입이 쩍 벌어질 정도이다.

교사이의 해학적인 우키요에 화풍은 절대 가노파에서 배울 수 있는 것이 아니다. 천재적인 재능도 있었겠지만 분명 어린 시절 구니요시 동문에서의 경험을 바탕으로 한 것이다. 아버지의 바람대로는 되지 않았겠지만, 교사이는 메이지와 현대를 이어주는 개성적인 화가로 후세에 이름을 남겼고 현재 그의 자손들이 교사이 미술관을 운영하고 있으니 이 정도면 행운의 화가이지 않을까. 우타마로는 언제 어디서 죽었는지도 모르고 샤라쿠는 누구인지도 모르니 말이다.

구니요시는 이렇게 훌륭한 제자들을 많이 길러내고 1861년 3월에 세상을 떠났다. 구니요시 사후 그려진 추도 그림(死絵)은 수제자 요시이쿠가 맡았다. '뒷모습의 구니요시'에만 익숙하던 우리들은 그가 죽고 나서 기리기 위한 이 그림에서 비로소 제대로 얼굴을 비친 구니요시를 만날 수 있다.

요시토시도 비공식적으로 스승을 그리워하는 글과 함께 고개를 살짝 돌려 발치에 있는 고양이를 보며 웃고 있는 구니요시의 초상을 밝은 터치로 그렸다. 평소의 작품과 다르게 수채화처럼 물을 머금은 색상 표현은 아마 섬세하고 여린 성격을 지녔던 요시토시의 눈물이 섞인 그림이 아닐까.

요시이쿠 作   요시토시 作 (부분)   요시토미 作
(자료33) 구니요시 추도 그림

　요시토미의 추도 그림에는 구니요시 타계 일 년 전, 어린 나이로 먼저 세상을 떠난 제자 요시후사를 등장시켜 함께 여행을 시작하는 스승의 모습을 담았다. 그림 윗부분에는 평생 구니요시의 후원자였던 우메야 각주의 교카도 실려 있다. 저 세상으로 떠나는 스승의 길이 홀로 외롭지 않게 먼저 간 요시후사를 소환하여 함께 할 수 있도록 한 요시토미의 애틋한 마음이 느껴진다. 「눈물을 억누르며」라는 문구와 함께 낙관을 찍은 요시토미의 슬픔이 너무 오래 계속되지 않았기를 바란다.

　'구니요시 동문'은 현대에 와서 어느 누구보다 화려하게 부활했으니까 말이다.

제5장 우키요에의 하이브리드적 변형

기묘시가 시간이 흐름에 따라 장편화되며 고칸으로 바뀌어 갔듯이 우키요에는 각양각색의 줄기를 만들어 변형해가는 가운데 메이지 시대를 맞게 된다. 이미 에도의 거장들은 하나둘씩 세상을 떠나고 그들의 제자들이 막부말과 메이지 초기의 우키요에 화단을 떠맡는다.

그러나 한모토와 작가 그리고 화가가 구상하고 초안을 만들며 그것을 목판에 새겨 색을 입혀 찍어 내었던 방식의 우키요에는 격변하는 일본 사회의 속도를 따라가지 못하게 되었다. 이미 에도 후기 때부터 들어오던 서양 문물은 놀라움과 호기심에 우키요에의 소재가 되기도 했지만 정작 우키요에라는 미디어 자체는 쇠퇴의 일로를 걸을 수밖에 없었다.

스즈키 하루노부의 몽환적 분위기의 다색목판화에서 시작하여 우타마로의 미인화, 배우 그림의 전통을 이은 도리이 기요나가, 샤라쿠의 파격적인 가부키 배우 그림, 고흐와 모네 등 서양 인상파 화가들에도 영향을 끼친 섬세하고 간결한 풍경화의 우타가와 히로시게, 후지산 36경과 폭포 그림을 필두로 거의 모든 그림 제재를 섭렵한 가쓰시카 호쿠사이, 그리고 우키요에의 다양한 가능성을 보여준 구니요시까지 화려했던 에도의 우키요에의 장은 이제 서서히 막이 내려가고 있었다.

막부의 규제가 있긴 했지만 어떻게 보면 이들은 우키요에가 가장 많이 만들어지고 가장 사랑받던 시절의 화가들이었다. 사람들은 절찬리에 팔리는 우키요에 한 장을 보기 위해 책방 앞에 모여들었으며 에도 시내는 가부키 극장을 비롯하여 주위의 찻집, 식당, 장식품 가게 등을 두루 구경하는 많은 인파들로 북적였다. 그들의 그림을 사는 대중이 있었던 것이다.

메이지 시대가 열리고 근대화를 향한 욕망은 에도 멋쟁이의 옷에 어떤 문양이 그려졌나 하는 것보다 서양식 수트와 드레스를 입은 자들에게로 관심을 쏠리게 했다. 메이지 일왕조차도 서양식 의복에 서양식 이동수단 그리고 서양식 배경을 뒤로 한 모습으로 빈번하게 우키요에에 등장했다. 미인화와 배우 그림이 대표적이었던 우키요에 인물화는 점차 서양인들의 모습을 담기 시작했고 그들의 주거 형태나 서양 물건들을 배경으로 담기 시작했다.

이것은 우키요에가 가졌던 '정보성'이란 특징이 더욱더 부각되기 시작했다는 것을 의미한다. 구니요시의 그림에서 뻗어나간 다양한 활용의 예들이 발전하여 어린이 그림이나 교육용 그림이 만들어지고 뉴스와 잡지의 개념도 틀이 잡히기 시작한다. 서양인은 어떻게 생겼는지, 세상에는 어떤 나라가 있는지, 에도처럼 사람이 많이 사는 대도시는 어떤 것들이 있는지, 아메리카라는 나라는 네덜란드와 어떻게 다른지, 외국 군대는 어떤 모습인지, 요코하마에 살고 있는 서양인들의 집과 거기 사는 부인네들은 어떤 모습인지, 철도와 가로등은 무엇인지 등등 궁금한 것들이 태산인데, 이것들을 고스란히 시각적으로 옮길 만한 일본 고유의 미디어는 당시 우키요에를 비롯한 에도 시대의 시각미디어들뿐이었다.

그래서 남은 구니요시 제자들은 인물화와 무사 그림 등의 전통적인 소재에서 벗어나 이러한 정보성이 가득 담긴 우키요에를 만들기 시작한다. 사진과 활동사진 등 서양 기술이 밀려들어오는 시대에 마지막 우키요에 화가들로서 새로운 우키요에의 변형을 시도해야만 했다.

마치 촛불이 종국에는 꺼질 것을 알면서도 마지막에 더 활활 불타오르듯, 우키요에는 짧지만 다양한 변종을 겪은 후 역사 속으로 사라져 갔다.

1. 구니요시 제자들, 신문을 만들다

오치아이 요시이쿠는 구니요시 밑에서 착실하게 전통적 우키요에 소재인 무사 그림, 전설 그림, 미인 그림 등을 배웠다. 요시이쿠의 그림들에는 구니요시 제자들 중 지극히 스승의 화풍을 충실히 따르고 있는 것이 보인다. 구니요시 사후 공식적인 시니에(추도 그림)를 담당했던 것에서도 요시이쿠가 신실하게 스승의 유지를 이어가고 있던 위치였다는 것을 알 수 있다. 따라서 구니요시의 타계 후, 그는 동문을 이끌어 가야 할 막중한 책임감을 느꼈을 것이다. 그는 쓰키오카 요시토시 등 남은 제자들과 함께 스승이 그렸던 것처럼 시리즈물들을 함께 작업하면서 경쟁하기도 하고 후배들에게 일을 나누어 주기도 하였다.

그러던 요시이쿠가 메이지 초에 들어와 우키요에로 '신문'을 만든다. 우키요에 신문을 만들기 전에 근대의 산물인 서양식 신문을 찍어내는 회사를 먼저 차린 것이 계기가 되었다. 오늘날 '마이니치신문'의 전신인 『도쿄니치니치신문』이 그것인데 이것이 글로 이루어진 신문의 형태였다면, 1874년 요시이쿠는 이 신문의 '그림판'으로 「도쿄니치니치신문」도 제작하게 되었다.[20]

이것은 일간 신문 『도쿄니치니치신문』에서 기사를 가져와 그것을 소재로 다시 내용을 각색하여 그림과 함께 제공하는 형태로 제작한 것이다. 도쿄에서는 발행된 신문을 그림으로 다시 표현한 것이니 '니시키에'의 입장을 취하고, 오사카에서 발행된 신문은 도쿄에서 일어난 뉴스의 전달 속도 차이로 인해 때로는 기존의 기사가 아닌 처음부터 새로운 기사를 실어 발행되기도 했는데 이런 경우 뉴스를 니시키에로 표현한 신문이니 '신문'의 입장을 취한 것이다. 오늘날 이 우키요에의 변형을 도쿄 쪽은 '신문니시키에'로, 오사카 쪽은 '니시키에신문'이라는 두 가지 형태로 불리고 있는 이유도 발행 속도와 관련이 있다.

정보매체로서 그림과 글의 활용은 신문니시키에의 등장에 앞서 가와라반[21]이나 메기 그림 또는 홍역 그림[22] 등의 형태로 이미 존재하였다. 1855년 지진 후 수개월 동안 출판된 메기 그림과 1861년 홍역의 대유행 이후 출판된 홍역 그림 등은 <시사 니시키에>라고 불리며 니시키에의 새로운 장르를 정착시킨다. 이는 단순히 사건 전달만을 목적으로 하지 않고 그림 자체가 지진을 면하게 해준다거나 하는 등 '부적'의 성격을 띠게 되어 민속적 지식이나 의학지식을 그림에 넣기도 했다. 이들은 근대적 개념의 신문이 없었던 시절 주로 종이 한 장에 천변지이나 시정의 사건 사고 등을 전달하는 일시적인 정보원 또는 오락으로서 쉽게 읽고 버릴 수 있는 것이었다.

신문니시키에는 이러한 시사 니시키에의 영향을 받으면서도 좀 더 우키요에의 색채가 강했다고 할 수 있다. 당시 「도쿄니치니치신문」 외에도 「각종신문도해」, 그리고 이듬해 요시토시의 「유빙호치신문」을 비롯하여 「대일본그림신문」, 「가나요미신문」, 「조야신문」 등이 차례차례 등장한다. 요시토시는 요시이쿠처럼 따로 신문사를 만든 것은 아니지만 위의 「유빙호치신문」에서 활발한 활동을 하게 된다.

대중들의 호기심을 자극할 만한 기사를 선정하여 그것을 우키요에 스타일의 그림과 제작방식을 통해 대중들에게 제공한다는 것은 신구 미디어의 공존인 형태를 취한 것이었다. '신문'이라는 단어가 사용되긴 했지만 엄밀히 말하면 오늘날과 같이 사실만을 전달하는 언론의 성격이 짙은 신문은 아니었다. 오히려 그 단어의 뜻 그대로 '새롭게 듣는 이야기'라는 의미로서 사용되었다. 신문니시키에라는 명칭도 새롭게 듣는 이야기를 익히 알던 스타일의 다색 그림으로 풀어놓는다는 의미로 이것은 오늘날 일러스트레이션으로 재해석하여 이야기를 전달하는 기능을 가진 매체와 비슷한 것이다.

신문니시키에의 제작에는 우키요에 화가와 구사조시 작가 즉 기존의 크리에이터들이 그대로 투입되었다. 그림과 글을 동시에 사용하여 출판된 구사조시 종류와 한모토를 필두로 한 화가와 작가 등이 함께 협업하는 구조의 전통적 제작방식 등을 그대로 계승했다. 게다가 그러한 제작 환경 속에 몸담고 있으면서 항상 유행과 대중들의 요구를 민감하게 파악하는 것이 몸에 밴 요시이쿠와 요시토시였다. 신문이라는 새로운 매체가 들어오자 유행과 정보성이라는 관점에서 비슷한 성격을 지니고 있던 일본 전통 미디어 우키요에를 새롭게 변신시켜 서민 신문으로 활용하는 아이디어를 떠올렸다.

사라져가는 에도 문화, 우키요에의 쇠퇴의 끝자락에서 요시이쿠와 요시토시는 다시 한번 자신들이 할 수 있는 일을 찾아냈던 것이다.

2. 가짜 뉴스 전성시대

혼다 야스오는 신문니시키에에 대해 다음과 같이 평했다.

> 1874년에 신문니시키에가 유행하였다. 도쿄니치니치신문 중 잡보기사, 특히 신문의 간행(1872년) 이후 인기가 있었던 「강호총담」란의 기사 — 대부분은 소위 삼면기사, 칼부림, 치정, 범죄, 진기한 이야기 — 를 일반 서민에게 알기 쉽고 재미있게 우키요에라는 옷을 빌려 자세한 기사를 판화로 게재한 것이다. 지금까지의 신문기사는 난해하여 서민층의 읽을거리는 되지 못했다. 그런데, 우키요에와 신문의 기능을 결합시킨 우키요에 화가의 그림과 게사쿠 작가의 이해하기 쉬운 보도 문장(루비가 달려있는 한자 사용)을 총합한 그림풀이의 우키요에가 탄생했다. 이것을 신문니시키에라고 한다.[23]

주로 신문의 사회면 기사를 읽고 싶어 하던 에도 서민들에게는 『도쿄니치니치신문』의 글이 어려웠는데 나중에 그 기사의 내용과 그림이 함께 제공되는, 그리고 그들에게도 이미 익숙했던 우키요에 스타일인 신문니시키에의 간행은 반가운 소식이었다. 또한 메이지 정부가 시작되고 일어난 내전에서 사이고 다카모리에 대한 소식이나 이후 이어지는 타이완 정벌 등에 대한 소식을 접할 수 있는 것도 신문니시키에를 통해서 였다. 그런 이유로 우키요에의 변형들이 인기를 얻게 되어 잠시나마 출판 시장은 다시 한 번 에도의 전성기 때처럼 활기를 찾는다.

그러다 보니, 2차 제작이라고도 할 수 있는 신문니시키에는 점점 픽션이 가미되기 시작한다. 오늘날 팩트체크를 해보면 가짜 뉴스로 판명될 것이 뻔한 그런 지어낸 이야기들이 대수롭지 않게 신문니시키에의 지면을 차지하기 시작했다. 새로운 소식을 듣는다는 의미로 사용된 당시의 신문이라는 용어에도 어울리지 않는 내용들이 실렸던 것이다.

신문니시키에는 오늘날의 신문처럼 신속한 보도성을 가졌다고 하기는 어렵다. 어떤 사건이 일어난 후 그 사건에 대해 사진이나 비디오 자료를 보여주며 서로 이야기를 나누거나 시청자들의 반응을 듣는 현대 예능프로그램에 가까운 것이었다. 시사성 짙은 딱딱한 뉴스 보도가 아니라 대중들의 궁금증을 자아내는 사건을 다시 한 번 다룸으로써 시청자들을 만족시켜 주는 오락성이 강한 매체의 성격을 지니고 있었던 것이다.

한 예로, 「도쿄니치니치신문」 472호의 기사를 보면, 마사키치라는 선원이 와카야마 해역을 지날 때 큰 폭풍을 만났다. 그는 죽음이 목전에 왔을 때 간단한 유서와 150엔의 돈, 그리고 자신의 머리카락을 잘라 상자에 넣고 수신인을 어머니와 아내 앞으로 해두고 몸에 품어둔다. 곧 배는 침몰하고 그도 바닷속으로 떨어졌다. 그런데 4년 뒤 그 상자가 샌프란시스코 앞바다까지 떠내려가 발견되고 가족들에게 무사히 전달되었다는 것이다.

(자료34) 「도쿄니치니치신문」 472호

그러나 원 기사 내용에는 배가 침몰되었다는 소식만 있을 뿐, 마사키치에 대한 구체적인 전언은 없었다. 「도쿄니치니치신문」과 기사 원본의 발행 시간 차이는 최대가 2년이었다. 여하튼 최근의 소식을 전하는 것이 신문니시키에의 목적 중 하나인 것이다. 마사키치가 탄 배의 난파 후 4년이 흐른 뒤의 이야기는 있을 수가 없는 '허구'이다.

바닷속으로 빠지며 죽음을 맞이하게 된 한 남자의 절박함이 긴박하게 표현된 것 외에 사실성을 따져보면 신문의 보도 성과는 거리가 멀고 오늘날의 관점에서는 오히려 페이크 뉴스에 가깝다. 하지만 기존 우키요에의 인기가 최고 정점에 달했던 시기의 화가들처럼 상상력을 발휘해 대중들이 좋아할 만한 콘텐츠로 다시 각색한 것은 에도 서민들이 우키요에를 향유하던 방식이기도 했다. 새로운 매체 속에서 우키요에의 본질을 유지시킨 요시이쿠의 고안으로 보인다. 바로 이러한 점에서 신문니시키에가 메이지 초기 신문과 결합된 완전히 새로운 다른 어떤 것으로 탄생한 것이 아니라, 이전 시대에 대한 향수 즉 우키요에의 전통적 특징을 소멸시키지 않은 채 혼종의 형태로 유지되고 있는 것을 보여준다.

또 다른 예로, 요시토시의 「유빙호치신문」 472호가 있다. 「도쿄니치니치신문」이 구사조시처럼 글과 그림의 배치가 자유롭게 설정된 것에 비해 「유빙호치신문」은 신문기사처럼 글 부분의 구역이 가로 직사각형으로 분명하게 구분되어 있어 좀 더 오늘날의 신문 같은 느낌이다. 그림 부분도 마치 결정적 순간을 포착한 스냅사진과 같이 표현되어 있어 보도 기사에 실리는 사진과 비슷하다. 하지만, 이 역시도 내용에서는 「도쿄니치니치신문」에서 보여주는 특성과 별반 다르지 않다. 472호에 글을 담당했던 산유테이 엔초가 쓴 기사 내용을 보자.

　　오미국 다카시마 고보리의 구치무라 세이다유의 누이는/ 어떤 사정인지 열 살 된 딸을 데리고/ 친정으로 돌아와 농사를 지으며 세월을 보내는데/ 부모를 봉양하고 효도하며 짬짬이 말에/ 짐을 나르는 일로 부업도 하고 있으니 어느 날 어린 딸에게/ 이 심부름을 시키니 이에 고령의 아버지는 아끼는 손녀딸 걱정에/ 늙은 몸을 이끌고 비칠비칠 뒤를 따라 가니 하루는 밭길을 지날 때/ 다른 말과 만나게 되어 서로 놀란 나머지 말들이 날뛰기 시작하기에 손녀딸에게 다치지/ 않게 어서 피하라고 소리치지만 어린 소녀는 조금도 두려워하는 기색 없이 자기가 입고 있던 짧은/ 덧옷을 벗어 말의 얼굴에 덮으니 이내 곧/ 난폭하던 기운이 사라지고 서서히 말을 끌고 가는 것을 보고 늙은 아버지의/ 기쁨은 말할 것도 없고 길을 가던 사람들도 어린 아이가/ 지혜롭고 용감하다며 칭찬해 마지않았다.

어린 소녀의 용감한 행동을 실은 사회면 기사같이 보이지만 오미국의 소녀이야기는 세속설화집 『고콘초몬주(古今著聞集)』

(자료35) 「유빙호치신문」 472호

에도 등장하는 것이다. 「오미의 오카네」라는 이야기 속에 오카네라는 소녀가 날뛰는 말을 용감하게 제압했다는 유명한 이야기로 가부키 춤곡으로 사용되기도 했다. 비슷한 해프닝이 일어나지 말라는 법은 없지만 공교롭게도 지명까지 일치하는 것은 어떻게 해석하면 좋을까. 게다가 스승 구니요시도 이 설화를 모티브로 한 「오

미의 용감한 여인 오카네」라는 그림을 제작한 적이 있어 요시토시로 이어지는 오카네 이야기는 '새로운 소식'이라 보기 어렵다. 차라리 이 요시토시와 엔초의 신문니시키에 「유빙호치신문」 472호는 오미국의 오카네에 대한 메이지 시대물이다. 이것은 새로운 신문 보도가 아닌 대중들이 익히 알고 즐겼던 이야기의 새로운 신문 버전이라고 할 수 있다. 혼종되며 변형해 간 시뮬라크르인 것이다.

표면적인 형식과 소재에서는 새로움을 받아들였지만 그 안의 전개 방식은 여전히 본 미디어가 가졌던 성격으로 활용되고 있었다는 점에서 신문니시키에는 신·구 공존의 문화적 특성을 지니게 되었다. 서로 다른 이질적인 것들이 결합하고 뒤

섞여 또 다른 새로운 것으로 존재하게 되는 하이브리드적 변형이 메이지 초기 짧은 기간 동안 일어났다.

사진과 같은 근대적 매체의 유입으로 인해 그대로 소멸될수도 있었던 우키요에였다. 그러나 우키요에 화가와 구사조시 작가 그리고 한모토라는 에도 서민 문화의 원동력이 되었던 출판 주체들에 의해 그들이 보유한 문화력으로 적어도 메이지 초기에 갑작스레 자취를 감추지는 않았다. 에도의 유산을 토대로 신문이라는 형식의 이름을 빌려 혼종의 형태로나마 또다른 새로운 시뮬라크르를 만들며 그 생명력을 유지했던 것이다.

3. 전쟁에 이용되다

내용이야 여하튼 '보도'의 기능을 위해 만들어졌던 신문니시키에는 1874년 일본의 타이완 정벌에 이용된다.

청(淸)과 사쓰마(薩摩, 지금의 가고시마) 양쪽에 조공을 바치고 있던 류큐국(琉球國, 지금의 오키나와)령 미야코지마 도민 쉰네 명이 타이완에 표착했다가 보탄샤(牡丹社) 주민에 의해 살해당한 일이 벌어진다. 일본이 이 일을 청에 항의하자, '통치가 미치지 않는 곳의 사람들'이라는 답변이 돌아온다. 일본은 이것을 기회라고 생각하여 일본의 독자적인 처벌이 가능하다고 해석하고, 타이완 출병의 명분으로 삼는다. 타이완을 침략하고 이

기회에 청과 얽혀있던 류큐국을 완전히 자신들의 통치하에 두고자 했던 것이다.

일본 내에서는 청의 무성의한 대답으로 '미야코지마 도민들은 일본 국민'이라는 논리를 형성하고 자국민을 살해한 타이완에 대해 군사 행동을 하겠다는 입장을 표명한다. 그러나 미국과 영국은 중립을 고수하며 일본 편을 들어주지 않는다. 열강의 눈치를 보던 정부는 이러한 분위기를 읽고 침략을 준비 중이던 사이고 쓰구미치에게 출병하지 말 것을 명하나, 쓰구미치는 이를 듣지 않고 침략을 감행한다. 보탄족 평정은 힘들이지 않고 쉽게 끝났으나, 이 출병을 위해 모은 자금이 360만 엔, 선박 구입이 410만 엔에 전사자는 서른여 명에 달했으며 현지에 대한 정보 부족으로 인해 전쟁동안 풍토병으로 죽은 병사자가 560명이나 되었다. 억지로 만든 명분에 결과는 어처구니없는 출병이라 할 수 있다.

그러나 이를 다룬 신문니시키에의 타이완 정벌에 대한 보도에는 서양 열강을 흉내 낸 일본국의 대승을 알리며 그들이 말하는 소위 '열등한' 보탄족을 자애로써 감쌌다는 내용 일색이었다. 712호에서는 '미개인들', '인간의 도리를 모르고 맞서다', '위엄 있는 군대', '미개인들 항복 사죄하여', '일본의 위엄 만국에 빛나게 된' 등의 과장된 표현의 글과 창칼로 잔인하게 보탄족을 살해한 모습이 묘사되어 있다.

726호는 '전투에서 부모를 잃은 보탄족 소녀를 자애롭게 일본으로 데려와 개화시키려고 했지만 본성이 몹시 우둔하여 마치 돼지새끼와 같다'라는 원 기사를 바탕으로 하고 있다. 일본 본토가 서구 열강에 의해 개방되고 있고 스스로 급격한 근대화를 향해 달려가고 있는 와중에 스스로 열강 흉내를 내고 개화 운운하며 한 원주민 소녀에 대해 심각한 언어폭력을 가한 것이다.

신문니시키에가 전쟁에 이용된 것은 851호에 고스란히 드러나 있다. 851호는 내용이 바뀌며 두 번이나 발행된 특이한 경우인데 먼저 나온 것을 851-㉮로, 나중에 나온 것을 851-㉯로 지칭하겠다.

타이완 출병에 동원되어 그곳에서 병이 들어 죽은 고바야시 집안의 사이토가 유령이 되어 나타난다. 죽음을 애도하며 저녁 무렵 서재에서 홀로 있던 고바야시는 이상한 소리가 나 뒤돌아보니 처남 사이토의 모습이 눈에 들어왔다. '이제 돌아왔습니다' 하고 웃으며 방 안으로 들어오기에 자기도 모르게 놀라서는 짧게 소리치고 뛰쳐나갔다. 다시 돌아와 보니 그의 모습도 그림자도 아무것도 남아있지 않았다는 이야기로, 이것이 원래 851-㉮의 내용이었다. 그러나 이렇게 먼저 출판된 기사에서 전쟁 색채를 지우고 851-㉯로 다시 간행된다.

좀 더 구체적으로 보면, 851-㉮는 그림 부분에서는 놀라는 고바야시의 모습 옆, 그리고 기사 내용에도 실명(實名)을 그대로 실은 것을 확인할 수 있다. 주거지도 밝히고 있으며 사이토가 육군에 징집되어 병사했다는 사실이 구체적으로 실려 있다.

　도쿄 오가와마치에 살고 있는 고바야시라는 남자는 처남 사이토가 육군으로 멀리 미개한 땅에서 병사했다는 소식을 듣고 애곡하며 음식을 끊고 우울해 하니 / 황혼이 짙어질 무렵 서재에 틀어박혀 홀로 술잔을 드는 마루 근처에 소리가 나 / 개나 고양이인가 하고 살펴보니 처남 / 사이토가 평상시 / 모습으로 형님, 이제 돌아왔습니다 하고, 씨익 웃으며 앉으니 / 오랜만에 술잔을 청하는 모습이 무서워서 엉겁결에 억 / 소리치며 나갔다 다시 돌아와 자세히 보니, 역시 그림자조차 없는 것은 / 우애의 정 애달픔에 괴이한 일이어라. (851-㉮)

　더운 가을날 뜰에 물을 뿌리니. 젖은 수목의 이슬 구슬 잎의 끝을 알린다 / 떨어지는 소리에 사라지며 휙 지나가는 광경을. 바라보며 생각에 잠긴다. 회자정리, 라고 / 피어오르는 가을의 우울함을 조금 떨쳐버리려 / 서재에 머물며 받은 양주를 열고 그저 나 홀로 / 바깥에서 난 소리는 오동나무 잎사귀 소리인가. 작은 새소리인가. 바라보니 오랜만에 찾아온 처남이었다. 멀리 타국에서 병으로 죽었다는 소식이 있었는데 / 우애의 정 애달픔에 환영의 모습으로 나타났으니. 그림자는 풀숲 속으로 사라지고 벌레 소리만 남았구나. (851-㉯)

(자료36) 「도쿄니치니치신문」851-㉮(좌) · 851-㉯(우)

　이후에 나온 이판(異版) 851-㉯에서는 이름과 주거지 등이
모두 삭제되었다. 멀리 다른 나라로 떠났던 처남이 죽었는데,
우애를 끊기 어려웠던 탓에 환영이 되어 나타난 것이라 추측
하는 내용으로 바뀌었고 '가을', '잎사귀', '풀숲', '이슬', '회
자정리' 등 애잔함을 상기시키는 단어로 문학적 서정성을 띤
분위기를 연출했다. 따라서 기사 내용만 보면 그 어디에도
'전쟁'을 느낄 만한 정보는 나타나 있지 않다.

　타이완 출병은 일본으로서는 대외적으로 이를 미화시키기
위해 신문니시키에 속에서 일본군의 위엄과 용맹함을 강조하
고 상대적으로 적인 보탄족을 인종차별적 언어로 깎아내렸다.
851-㉮는 그러한 분위기 속에 실제로 참전하였고 게다가 병

사한 한 개인을 구체적으로 등장시킴으로써 전쟁이 가져다주
는 비극적 결과를 대중들에게 알리는 계기가 되었을 것이다.
그러나 일본정부나 육군 측에서는 이를 눈감아줄 수 없었던
것인지 타이완 출병은 물론 상세한 정보가 모두 삭제되고, 그
림은 그대로인데 내용이 완전히 달라졌다.

이것은 우키요에가 판화 제작 방식으로 만들어졌기에 기존
의 정보를 목판에서 깎아내고 다시 새김으로써 방법적으로 가
능했던 것이다. 검열에 의한 원판 내용 삭제 또는 변경은 『웃
음의 소나무』나 『고양이 이야기』에서도 봤듯이 에도 시대 출
판물에서는 흔히 있는 일이었다. 그러나 그때는 모두 일본 국
내의 사회·문화적인 이유로 사회 풍속이나 유행가 등을 규제
한 정도이지 외국정벌이나 침략전쟁 등과 관련한 내셔널리즘
을 위한 검열은 아니었다. 신문니시키에 851호가 겪은 두 번
의 간행은 뉴스를 통해 일본 정부가 자신들이 원하는 대로 국
민 정서와 여론을 조장하기 위해 신문니시키에를 이용했다는
증거이다.

4. 게임으로 문명을 읽다

일본의 18-19세기 목판인쇄술의 발달은 구사조시 종류의
책들과 우키요에를 대중 속에 뿌리내릴 수 있게 했다. 출판물

의 흥행과 더불어 극장가를 중심으로 가부키를 사랑한 서민들이 모여든 모습은 『에도명소도회』등의 문헌에 실려 있다. 일본 에도 후기의 각종 스토리 및 캐릭터 패러디는 이러한 장르에서 경계를 넘나들며 활동하던 창작자들에 의해 전개되었다.

현대 일본 미디어믹스는 에도 후기에 이미 존재했고 에도 미디어들을 통해 근원적인 자생적 발판을 도모했다고도 할 수 있다. 일본의 옛날 전설과 이야기 속의 캐릭터들이 에도 미디어들 속에서 변형되어 갔다. 그중에서 니시키에의 한 갈래로서 그림 스고로쿠(絵双六)라는 장르가 있는데 이것을 통해서도 수많은 패러디가 생성되었다. 그림 스고로쿠에서의 미디어믹스 문화를 들여다보고자 한다.

그림 스고로쿠는 주사위를 던져 진행하는 스고로쿠 놀이의 한 종류이다. 불교에서 유행한 판 스고로쿠(盤双六)와는 달리 모든 고마(駒)24에 그림이 들어가 있다. 그래서 '그림 스고로쿠'라는 명칭이 되었다. 그림 스고로쿠는 에도 후기 당시의 관광 명소, 인기 있는 가부키, 각종 읽을거리 및 교육 관련 내용 등 각종 지식을 전달하는 내용이 가득했다. 실로 한 장의 종이 위에 응축된 문화미디어였다. 또한 감상만이 목적이 아니라 그 자체가 게임으로도 활용된다는 점에서 현대의 미디어믹스 현상 중, 어떤 인기 있는 소설이나 영화가 게임으로 만들어져 상품화되는 문화 전개현상과도 비슷하다.

에도 후기 동문을 형성하여 구사조시의 삽화 그림과 우키요에 그리고 메이지 초기에는 신문으로까지 그 중추적 역할을 했던 구니요시와 그의 제자들이 특히 이 그림 스고로쿠를 많이 제작했다. 제자들 중에서는 특히 요시후지, 요시카즈 그리고 요시이쿠의 작품이 많은 것이 눈에 띄는데, 사실 이들은 각각 우키요에의 종류 중에서 다른 전문으로 더 잘 알려져 있는 인물들이다. 예를 들어, 요시후지는 어린이 놀이용의 장난감 그림, 요시카즈는 문명개화를 담은 요코하마에, 요시이쿠는 무사 그림과 신문니시키에 등을 중심으로 해서 활동하고 있었다. 이들의 그림 스고로쿠가 많은 것은 <문명개화>라는 시대적 요구와 맞물려 그림 스고로쿠가 담당해야 할 역할이 그들이 각각 두드러지게 활동하던 우키요에 장르와 연관성이 깊었기 때문이다.

그림 스고로쿠의 제재로는 에도 시대에도 불교·여행·명소·가부키·출세·여성·교육·복수물·모음집·요괴물·볼거리·역사·문예·풍속 등 여러 종류의 다양한 것들이 다루어졌다. 메이지 이후에는 이전 시대에는 없었던 소학교 교육·스포츠(운동회·마라톤·야구)·가정·직업·기차·탈것·탐험·모험·탐정·화학·우주·만화·서커스·전쟁·영화·전화·거래·은행·수족관·가전 등이 전통물에 더해져 당시 거의 모든 것이 다루어졌다. 따라서 그림 스고로쿠를 통해 새로운 시대의 진기한 것들이 차례차례 제재로 사용되어 변해가는 세상 모습을 볼 수 있었다.

그림 스고로쿠는 한 장으로 이루어져 있어 이는 매우 편리하게 즐길 수 있는 이유가 되었다. 두꺼운 책을 읽지 않아도 이 한 장으로 많은 정보를 얻을 수 있었던 것이다. 에도 명소와 풍물을 소개하는 스고로쿠는 우키요에의 특성 중 하나였던 정보성을 지닌 파생적 형태였다. 그러나 메이지로 넘어가며 이러한 명소와 풍물을 다룬 소재는 점점 줄어들게 된다. 서민 생활과 밀접한 직접적인 소재를 다루어 상업적인 성격도 강하지만 점점 놀이에 최적화된 스타일로 아이들을 위한 놀이 도구로서의 성격을 보이며 좀 더 색다른 주제까지 담게 된다.

그림 스고로쿠는 에도가 종말을 고하고 메이지로 넘어가는 이 시기에 바로 신문물 소개와 세계 지식과 관련된 것들이 많아지기 시작한다. 문명개화에 대한 주제를 주로 다루었던 그림 스고로쿠를 특히 '요코하마 우키요에 스고로쿠'라고도 했는데, 이는 요코하마 우키요에에서 나온 한 갈래로서 요코하마를 중심으로 문명개화와 더불어 주로 서양인들과의 접촉서양의 나라들에 대한 소재를 다룬 것이기 때문이다. 일본 서민들의 이국·이방인들에 대한 놀라움 그리고 호기심을 요코하마 우키요에에서 엿볼 수 있다. 1860년 12월에서 이듬해까지 447점이라는 많은 수의 요코하마 우키요에가 간행되었다. 새로운 문명을 다룬 그림 스고로쿠도 이러한 배경 속에 나온 것이다. 문명개화 그림 스고로쿠는 요코하마 우키요에를 '놀이'로 표현한 것이다.

(자료37) 「신판 외국인 스고로쿠」

　요시카즈의 「신판 외국인 스고로쿠」는 범선으로 시작한 출발점에 이어 중국·네덜란드·프랑스·영국·러시아·미국 6개국의 남성의 모습, 그리고 서양의 여성과 흑인을 소개한다. 「외국인」이라는 제목이 붙어 있지만 인물 소개 외에도 총 41개의 고마에 악기, 거울, 침실, 조명, 청소, 학문, 승마, 세탁 등의 생활 방식을 자세하게 다루고 있다. 요코하마에의 선구자로 불리는 요시카즈의 이러한 구체적이고 현실적인 그림 스고로쿠는 당시 일본 서민들에게 서양의 생활양식을 알려 주는 도구의 역할을 했고 우키요에 형식을 빌린 것은 쉽게 접근하기 좋은 미디어였기 때문이다.

　이와 비슷하게 요시이쿠의 「만국 스고로쿠」도 세계 여러 나라 사람들의 모습을 지구와 같은 둥근 모양의 스고로쿠 판에 360도 회전하며 배치시켰다. 섬을 유람했다는 전설의 인물 아사히나 요시히데가 가운데 크게 그려진 출발점 겸 도착점에는 <대일본>이란 표기가 있다. 이어 시계 방향으로 에조(지금의 홋카이도), 류큐(지금의 오키나와), 조선, 네덜란드, 영국 등 스물두 개의 나라가 등장한다.

흥미로운 것은 <대일본>에 홋카이도와 오키나와가 들어가 있지 않다는 점과 스물두 개의 나라 중 다리를 길게 그려 놓은 나라와 팔을 길게 그려 놓은 나라는 각각 <아시나가(長脚)>, <데나가(長臂)>로 적혀져 있는데 한자에 해당하는 음이 맞지 않을뿐더러 실제로 존재하는 나라도 아니다. 이처럼 가공의 나라까지 만들어 놓은 이유는 무엇일까. 요시이쿠는 몰려오는 이국에 대해 상상력을 더함으로써 일본의 변화를 좀 더 여유롭게 받아들이고자 했을지도 모른다. 아니면 으레 허구를 끼워 넣어 좀 더 재미있게 만들던 에도의 방식이 자연스럽게 묻어난 것일지도.

한편, 근대적 군사와 전쟁에 관련한 주제가 이 시기에 나타나기 시작한다. 일찍이 우키요에에서 보이던 영웅 전설이 무용담을 넘어서서 더 구체적이고 현실적인 것이 되었다.

요시카즈의 「눈치껏 배우는 조련 스고로쿠」는 호령에 맞추어 훈련하는 보병의 모습을 마흔여덟 개의 고마로 나타냈고 「조련 스고로쿠」에서는 비슷한 방식 속에 프랑스 군인을 등장시켰다. 여기에도 호령과 동작을 함께 표시해 두었다. 사람들 중

(자료38) 「만국 스고로쿠」

에는 이를 따라해 보기도 했을 것이고 실제로 이 훈련을 필요로 한 이들에게는 실용서와도 같은 역할을 했다.

문명개화 우키요에가 점점 쇠퇴하던 1887년 이후에 이르러서도 전쟁 소재의 그림 스고로쿠만은 오히려 증가 추세를 보인다. 이것은 점점 가까워지는 청일전쟁과 러일전쟁 등의 일본 국내외 상황과도 관련이 있다. 이후 일본은 전쟁과 분리될 수 없는 역사를 걷게 되고 전쟁을 소재로 한 그림 스고로쿠는 다이쇼 시대까지 이어져 간다. 에도 서민문화의 즐거움을 간직했던 미디어들이 말로에는 이렇게 전쟁을 위한 도구로 사용되어진 것은 몹시 안타까운 일이다.

이국인, 군사훈련 방법 외에도 요시이쿠는 세계 여러 도시의 모습을 각국의 국기와 함께 제시한 그림 스고로쿠 「국기명적 오대주 일람 스고로쿠」를 제작하여 아시아, 아프리카, 유럽, 아메리카, 남아메리카로 나누어 순서대로 나라들을 소개하고 있다. 아시아는 일본부터 시작하여 니혼바시와 요코하마를, 중국은 만리장성을, 아프리카 이집트는 피라미드를, 유럽은 프랑스 파리와 이탈리아 시칠리아 섬의 에트나 화산을, 아메리카는 미국 워싱턴을, 남아메리카는 멕시코, 도미니카,

콜롬비아, 브라질, 칠레 등을 제시하고 있다.

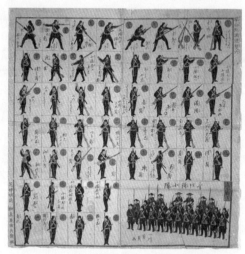

(자료39)「눈치껏 배우는 조련 스고로쿠」

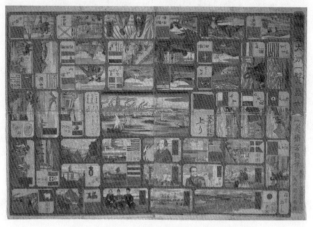

(자료40)「국기 명적 오대주 일람 스고로쿠」

특히 도착점 부분은 영국 런던으로, 산업혁명으로 인해 연기를 뿜어내는 공장과 국회의사당으로 보이는 건물이 다른 고마에 비해 비교적 크게 자리 잡고 있다. 「만국 스고로쿠」에 비해 꽤 정확하고 풍부한 세계 지식으로 정보의 질이 우수하다. 에트나산은 후지산과 비슷하다고 여겨 동질감을 표현했을 것이고 영국의 산업혁명이라는 근대화를 일본도 따르고 싶었던 욕망이 표출된 것이리라.

여러 가지 아이디어로 새로운 지식과 문물을 소개하는 교양 교육의 일환으로 그림 스고로쿠가 사용되기도 했지만, 여전히 에도 시대의 분위기가 남아 있는 수수께끼 놀이나 심심풀이용 오락물로 제작된 것들도 있다.

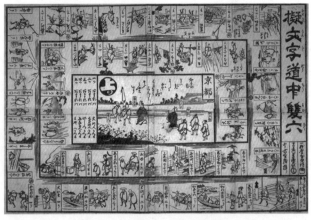

(자료41) 「모의 글자 여행 스고로쿠」

요시모리의 「모의 글자 여행 스고로쿠」가 그러한 성격을 띠고 있다. 놀이와 함께 그림에 숨어있는 글자를 알아내는 패턴인데, 니혼바시에서 교토까지 여행 스고로쿠의 형식으로 고마가 진행된다. 각 지역을 가리키는 문자로 그 토지에 어울리는 풍경과 명물을 소개하고 있다. 그림 스고로쿠의 형식상 고마로 설정된 구획은 새로운 지식을 부분으로 나누고 요약하여 각종 정보를 넣는 것에도 편리했을 것이다.

구니요시의 제자들은 메이지로 넘어가는 때에 활발하게 활동한 이들이 많기에 이 시기에 그들이 다룬 그림 스고로쿠를 통해 당시 일본인들의 관심사, 새로운 것에 대한 흥미 그리고 익히 알던 타 미디어 속의 이야기들이 어떤 식으로 새롭게 재구성되어 갔는가를 파악하기에 용이하다. 구니요시 동문의 그림 스고로쿠는 상업성을 가진 유행물은 물론이고 고전을 활용한 것이 많은 수를 차지하고 있었지만 한편으로는 새로운 문물에 대한 관심도 높았다. 이는 에도 말-메이지를 이어주는 사회를 읽어내는 데 유용한 정보를 제공하고 있다.

그림 스고로쿠를 활용한 미디어믹스는 이렇듯 일본의 근대 문명개화에 필요한 지식을 얻는 중요한 도구로서 활용되었고 그 본체는 우키요에에서 시작되었다.

5. 우키요에에서 사진으로

근대화의 바람이 불기 시작한 메이지 시대로 넘어가면서 우키요에는 시한부 선언을 받은 것과 마찬가지였다. 그러나 앞서 살펴본 것처럼 신문과 같은 문명개화를 위한 정보지로 형태를 조금씩 변형하며 생명을 이어가고 있었다. 미술적 관점에서는 에도 말에서 메이지로 넘어가는 시기의 우키요에를 거의 쇠퇴하는 미디어로서 보는 경향이 짙은데, 사실 우키요에를 단순한 미술품이 아닌 정보 미디어로서 인식한다면 이 시기야말로 가장 우키요에가 우키요에다운 기능을 하고 있었다고도 볼 수 있다. 물론 고명한 예술적 가치를 지향하는 일본인 예술가들로부터는 비판받을지도 모르지만.

어쨌든 우키요에는 사진과 일정 기간 잠시 공생한다. 사진은 막부말 1848년, 우에노 슌노조가 나가사키를 통해 일본에 처음 들여왔다. 당시 사쓰마를 중심으로 사진술에 대한 연구가 행해지고 있었으나 실용단계는 아니었다. 이후 우에노의 아들 우에노 히코마를 비롯하여 우가이 교쿠센, 시모오카 렌조 등이 영업사진사로서 활동하게 된다.

특히, 히코마는 화학교과서 『세미쿄쿠힛케(舎密局必携)』를 집필하는데 3권말의 부록에 「촬영술 포토그래피」를 실어 사진기술을 소개한다. 우키요에 화가 입장에서는 자신들의 존재를 위협하는 이 새로운 서양의 기술을 배척할 만도 한데, 오히려 그들의 그림 소재로 삼았다. 아마도 반은 호기심, 반은 시대를 반영해야 하는 우키요에 화가 본연의 의무가 작용했을 것이다.

우키요에는 사람들에게 인기 있는 소재들을 화폭으로 옮기는 역할을 하고 있었다. 막부 말에는 밀려들어오는 서양 문물을 감당해야 했을 것이고 사진도 예외는 아니었다. 오히려 풍속화로서의 기능보다 저널리즘 우키요에의 성격이 뚜렷해지고 전쟁이나 외국에 대한 이야기를 요구하는 소비층을 만족시키기 위해 더욱더 대량생산으로 이어졌다.

메이지 초기의 우키요에에서 사진은 「사진경(写真鏡)」이라고 불렸다. 사진기술이 도입된 당시에 「사진」이라는 단어는 일본어에 확정된 단어로 존재하지 않았다. 서양화를 모방한 그림에 「사진경」이라는 제명을 사용하기도 했다. 서양문화에 대한 시행착오가 있던 시기였다.

유행에 민감했던 구니요시 제자들의 경우도 역시 사진을 소재로 한 우키요에를 제작했다. 먼저, 문명개화 그림 전문인 요시카즈는 「후란스(佛蘭西, 프랑스)」라는 제목의 그림에 서양 사진사와 여인을 등장시켰다. 사진사는 카메라에 연결된 천에 머리를 넣고 렌즈를 확인하고 있다. 롱드레스의 외출복을 입은 여인은 한 손에 사진을 들고 작업에 열중하고 있는 사진사를 쳐다보고 있다. 배경을 연한 갈색톤으로 밋밋하게 아무것도 그리지 않은 것이 스튜디오에서 찍은 사진과 같은 느낌이다.

이 그림이 간행된 1861년은 아직 에도 시대가 종언을 고하기 전이었는데 요시카즈와 같은 구니요시의 제자들은 이미 근대화의 기운을 우키요에에 담고 있었던 것이다. 이후 메이지로 들어가 1871년 「외국 사진의 그림」에서는 서양인의 집에서 바깥 풍경을 사진에 담고 있다. 등장인물은 여덟 명인데 모두 서양인이다. 문호개방 이후 서양식 건물이 자리 잡고 가족 단위의 서양인들이 거주했다는 사실을 알 수 있다.

사진이 등장하는 또 다른 우키요에 작품으로 요시후지의 재미있는 그림이 있다. 「개화 구폐 흥폐 겨루기」(1882)에는 메이지 시대가 시작되고 15년 후의 사회상이 그려져 있다. 서양에서 들여온 물건들과 일본 전통 물건들이 서로 싸우는 모습이 의인화되어 있다.

(자료42) 「개화 구폐 흥폐 겨루기」

서양식 램프 대 사방등(行灯), 양산 대 지우산, 우편 대 파발,

비누 대 쌀겨, 인력거 대 가마, 사진 대 니시키에, 외국쌀 대 일본쌀 등이 서로 겨루고 있다. '사진 대 니시키에' 부분을 보면, 전국시대 장수의 복장을 한 니시키에의 얼굴은 한 묶음의 우키요에로 되어 있고 허리춤에는 '그림책(えぞうし)'이란 글자도 있는 것으로 보아 니시키에의 이름으로 에도 후기 간행된 모든 출판물을 대표하는 것으로 보인다. 이에 맞서 사진은 붉은 재킷과 흰 바지에 보라색 머플러 그리고 서양식 구두를 신고 있다. 액자로 표현된 얼굴에는 사진 한 장이 있는데, 그 안에 찍힌 것은 니시키에 미인화의 여인처럼 일본을 배경으로 한 기모노를 입은 여인이다. 따라서 이 사진은 일본에서 찍은 사진이며 우키요에 미인화의 사진 버전으로 채택되었다. 사진과 니시키에를 서로의 카운터 파트너로 한 것에서 요시후지는 우키요에의 소멸을 예상하면서 사진이 그 뒤를 이을 것이라 여긴듯하다.

사진이 단순히 우키요에의 제재가 된 것 외에, 사진과 우키요에가 제작 방식에서 혼종된 적이 있다. 마치 그림에 사진을 합성한 듯한 모양새인데, 사진사 에자키 레이지와 고세다 호류가 사진을 이용하여 초상화를 제작한 것이다. 메이지 일왕의 사진을 이용하여 그대로 그림으로 표현한 것이 대표적이다. 여기서 더 나아가, 전통적인 일본 인물화에 외국인의 사진을 모방한 얼굴을 넣어 그린 〈사진화(写真画)〉가 나타났다. 이들은 모두 일본 전통 복식을 입고 있으며 부채를 들거나 칼을 차거나 우산을 쓰고 있다. 이는 특히 서양인들에게 일본이란 나라에 대한 호기심을 충족시켜 주는 것이며 해외에는 일본과 관련한 기념선물이 될 수 있었다.

단순히 밑그림을 목판에 공들여 새긴 후 거듭 색을 입히는 목판화 우키요에는 소재와 제작방식에서 혼종의 문화를 겪다 이 시기 즈음하여 점점 사라지게 된다. 전통의 우키요에 동문에서 시작하여 격동의 세월을 보낸 구니요시의 제자들의 작품들은 에도의 우키요에에서 멀어져 가고 오리지널조차 알 수 없는 하이브리드형의 장르들로서 탄생하게 되었다.

근원을 알 수 없는 우키요에의 하이브리드적 변형은 수많은 시뮬라크르에게 탈출구를 열어 주었으며 원본의 존재를 소멸시키고 자신이 그 위치를 차지하게 된다는 들뢰즈의 예언도 적중하게 된 것이다.

마치며

이 책을 마무리하는 시점에서 필자가 처음으로 마주한 에도 문화의 시뮬라크르는 무엇이었는지 또 언제였는지에 대한 물음이 생겼다. 전공으로 일본 근세 문학과 문화를 접하면서부터인가 하는 단순한 기억의 추적은 놀랍게도 필자의 초등학교 시절까지 거슬러 올라갔다. 그것의 정체는 '만화책'이었다. 좀 더 구체적으로 말하자면 종이 만화책에 그려져 있는 그림들의 '선'이었다. 당시 이웃 중에는 만화방에 만화책과 무협소설 등을 납품해 주는 일을 하는 친구네가 있었는데, 그 집에 놀러가서 종종 만화책을 보며 시간을 보냈다. 그림의 선의 힘찬 부드러움, 이야기의 흥미진진한 전개, 국적 불문의 다양한 상상 속 인물들을 만나며 한 치의 의심도 없이 내 장래희망을 만화가로 정했다. 그리고 기다릴 것도 없이 곧 16절지 갱지를 반으로 접어 만화책을 만들었다. 최종화까지 간 경우는 없었지만 제1권, 제2권 정도는 언니와 오빠에게 10원에 팔기도 했다. 그 시절 친구의 집은 지금 생각해 보면 에도 시대의 책 대여점이었고 내가 한동안 빠져들었던 만화가 놀이는 한모토나 오락 소설 작가 흉내 내기 정도로 설명될 수 있겠다.

다시 나의 첫 에도 시뮬라크르와의 대면의 화두로 돌아가서, 나는 성인이 되어서야 내가 읽은 만화들 대부분이 일본 만화였고 작가 이름도 거짓이었다는 사실을 알게 되었다. 그리고 또 잊고 지내다가, 일어일문학과 학부 수업에서 기뵤시(『에도 바람둥이 이야기』)를 배우면서 놀랍게도 그 '선'들과 재회하는 일이 벌어졌다. 기억도 영화 <인셉션>의 꿈처럼 여러 단계가 있다면, 내 기억의 엘리베이터 저 하층에서 끓어올라오는 이미지의 충격파가 내 안구를 거쳐 뇌까지 도달하자 인생 퍼즐이 맞춰지는 기분이 들었다. 이 사건은 신선하고도 충격적인 일이었다. 어린 시절에 보고 매료된 '선'들의 진정한 고향(오리지널)은 난생 처음 들어보는 에도 출판의 한 장르 속이었던 것이다. 여기서 또 한 치의 의심도 없이 내 세부전공을 기뵤시로 정했다.

뚜껑을 열어보니 에도 문화는 훨씬 더 다채로운 것들이었다. 하나의 장르만 파고들면 되는 것이 아니라, 어떤 책이 있다면 그것과 관련된 연극이나 그림 그리고 인기 배우와 출판사까지 관련해서 복합적으로 전개되는 양상을 파악해야만 했다. 얽히고설킨 에도 문화의 모습들 중 하나가 이 책에서 말하고 있는 패러디와 복제, 혹은 시뮬라크르의 반복이다.

에도 문화는 거대한 가상현실 공간이었다. 어제의 너의 이야기는 오늘의 나의 이야기가 되고 시간의 흐름 속에서 또 다른 자의 이야기가 되어 갔다. 주인이 없는 이야기와 이미지의 혼합 그리고 무한 반복 패턴은 인터넷 시대인 오늘날의 문화와 무척 닮아 있다. 시뮬라크르의 전성시대인 것이다. 온갖 미디어믹스로 이루어진 현대 문화를 접할 때, 조금은 에도 서민들처럼 여유로운 마음으로 시뮬라크르를 즐겨보는 것은 어떨까. 그런 바람으로 이 책을 썼다.

이노우에 히사시의 말처럼, *"어려운 것을 쉽게, 쉬운 것을 깊게, 깊은 것을 재미있게."*

끊어지긴 해도 모양을 달리하며 계속되는 우리들의 행복을 위해 하루 정도는 한숨 돌릴 수 있도록.

注

1 스즈키 하루노부(鈴木春信)로부터 시작된 우키요에의 한 종류로서 여러 색깔을 사용하여 화려하게 제작하는 목판화 양식의 그림을 가리킨다. 주로 에도를 중심으로 하여 유행했기에 에도를 의미하는 '아즈마(동쪽)'를 붙여 아즈마 니시키에(東錦絵)라고도 불린다.

2 에도 후기부터 가부키 배우는 모두 성인 남자들이다.

3 인물이나 사건을 중심으로 한 내러티브적 산문 장르. 서양 영향의 일본 근대 소설이 형성되기 전, 장편 소설의 위치를 가지고 있었다. 전기(伝奇)·노래(歌)·군기(軍記) 등의 종류로 나누어진다.

4 어린이의 기준이 오늘날과 같지 않았다. 비교적 수명이 짧았던 에도 시대에는 남자든 여자든 상인의 경우 가업을 잇기 위해 여러 교육과 집안일을 배웠다. 이는 사무라이 집안도 마찬가지였다. 따라서 어른으로 인정하는 독립의 시기도 지금보다 훨씬 빨랐다.

5 에도 그림 오락 소설이나 이야기 예능에서 작가가 개성적으로 내리는 결말을 의미한다. 특히 라쿠고(落語)에서는 '오치'라고 하며 어떤 오치를 내릴 것인지가 라쿠고카(落語家)로서는 가장 고심할 부분이며 이것이 클라이맥스 장면이다.

6 이노우에 히사시의 작품이나 그와 관련된 극을 상연하는 곳으로 「고마쓰좌(KOMATSUZA)」가 있다. 2008년에는 한국을 방문하여 '인간의 운명 자체가 고통이라 여겨 이를 줄일 수 있는 것이 웃음이다. 고통받는 약자가 웃을 수 있게 하는 것이 문학의 기능이다'고 언급하며 전쟁과 사회문제에도 깊은 관심을 보였다. 그의 작품은 한국에서도 상연되고 있다.

7 일본어 발음으로 토끼는 '우사기'인데, 두 동강 내자 '우(가마우지의 일본어 발음)'와 '사기(해오라기의 일본어 발음)'가 되었다. 즉, 우사기가 나누어져 우와 사기, 토끼가 나누어져 가마우지와 해오라기가 되었다는 설정이다.

8 '토사물'과 '에도의 옛날 일본어 표기가 같이(물론 작가가 의도한 것이다), 결국 나중에는 '에도 풍'의 유행을 선도하는 장어구이가 된다.

9 井上ひさし(1979)『パロディ 志願』中央公論社, p.143.

10 덴포 개혁의 영향으로 초편과 두 번째 편 그리고 네 번째 편은 표지 색깔인 단색이 되고 세 번째 편과 네 번째 편은 고양이들도 일시적으로 배우 얼굴을 취하지 않고 평범한 고양이 얼굴을 하고 있다.

11 에도 시대 문신은 멋쟁이들의 필수 요소였다. 쿄덴의 『에도 바람둥이 이야기』에서도 엔지로가 인기남이 되려고 작정하고 만든 <to do list>에 '문신하기'가 포함되어 있었다. 엔지로는 온갖 불평을 해대며 아픔을 참고 팔에 문신을 새긴다.

12 요시무네가 고양이 구로를 던져버린 장소인 료고쿠 다리는 불꽃놀이로 유명해 히로시게의 풍경화에도 등장한다.

13 주신구라는 에도의 우키요에, 게사쿠는 물론 오늘날의 영화, 텔레비전 드라마, 연극 등 여러 매체 속에 패러디되는 대표적인 제재이다. 이준섭(2011)『문화로 읽는 주신구라』에서는 에도

에서 현대에 이르는 다양한 미디어를 통해 탄생된 주신구라 패러디를 소개하며 일본인과 주신구라의 문화 현상과 사상에 대해 다루고 있다.

14 '이치유사이(一勇齋)'는 구니요시 낙관에 가장 많이 등장하는 이름('號'의 개념)이다. 우타가와 파의 일맥을 담당하고 있긴 하지만 구니요시의 화가 필모그래피에는 이치유사이가 더 많이 사용되었다. 이를 따라 그의 제자들도 이와 비슷한 호를 가지고 있다. 대표적으로 요시이쿠(芳幾)는 '잇케이사이(一惠齋)', 요시토시(芳年)는 '잇카이사이(一魁齋)'라는 이름을 사용했다.

15 지하에서 커다란 메기가 활동하는 것에 따라 지진이 발생한다는 민간신앙에 따른 메기와 지진을 소재로 한 니시키에.

16 5·7·5의 3구 17자로 된 일본 특유의 짧은 시, 계절을 나타내는 단어가 들어가 있으며, 상반된 심상을 동시에 배치해 역설적인 묘미를 살리는 것이 특징이다.

17 헨타이가나(変体仮名)는 히라가나 중 1900년 소학교령 시행 이후 사용하지 않게 된 글자들이다. 메이지 유신 이전에는 다양하게 사용되었던 히라가나 글자들이 이후 점점 한 음에 한 가지 글자만을 사용하게 된다. 일본 근대화를 앞당기기 위해 하루라도 빨리 '국민'을 양성하기 위한 통일된 교육이 필요했던 것이다. 에도 시대 문헌과 메이지 시대 지식인들이 남긴 자료들에는 이 헨타이가나 혹은 구즈시자(崩字)로 기록된 것들이 많다. 우키요에의 글 부분은 주로 이 헨타이가나와 한자로 이루어져 있다. 현대 일본인들에게도 이 글자의 해독은 어려워 아직도 많은 문서들이 현대 히라가나로 번각되어있지 않다. 최근에는 애플리케이션이 개발되어 초심자를 위한 코너와 글자 해독의 의견을 나누는 공간으로 활용되고 있다.

18 이와 비슷한 스타일로 「재미있는 웃음 벽의 낙서(白面笑壁のむだ書)」 시리즈도 있다. 역시 배우 얼굴 그림으로 나카무라 우타에몬은 여기에도 등장한다. 하지만, 「창고 벽의 낙서」와 달리 가로의 허리띠 부분이 그려져 있지 있다.

19 구니요시 동문은 확인된바 약 700여 명으로 집계된다. 그러나 작품으로 알려진 화가는 일부이다. 그럼에도 불구하고 다른 동문들보다 제자들의 활약이 커 작품으로는 많이 남아있다. 다만 에도 시대 우키요에는 판화였고 육필화만큼 예술적 가치를 높게 평가해주지 않았다. 제자들이 많았지만 일부의 그림만 남아있는 것은 그런 이유도 클 것이다.

20 일간신문과 니시키에판 신문 이름이 같기에, 일간신문은 『』로 표기하고 니시키에판은 「」로 표기하여 구분하였다.

21 에도 시대 때 찰흙에 글씨나 그림 등을 새겨 기와처럼 구운 것을 판으로 하여 인쇄한 속보 기사.

22 홍역의 예방과 치료에 대한 정보를 담은 니시키에로서 1862년 대유행으로 인해 다량의 그림이 제작되었다.

23 本田康雄(1988)「版木から活字へ : 稿本の終焉」『國語と國文學』65(12) 至文堂, p.52.

24 오늘의 만화의 컷과 비슷하나 자유로운 만화의 컷보다는 비교적 정형적인 모습을 띠고 있으며 판 위에 그림이나 글이 표현된 작은 구역으로 경계가 구분되어 있다. 마스메(升目)라고도 한다.

고유명사 원어 표기

〈들어가며〉

히로오 広尾

아리스가와 有栖川

에도 시대 江戸時代

구사조시 草双紙

우키요에 浮世絵

메이지 시대 明治時代

가부키 歌舞伎

교카 狂歌

쓰타야 주자부로 蔦屋重三郎

요시와라 吉原

기타가와 우타마로 喜多川歌麿

도슈사이 샤라쿠 東洲斎写楽

산토 교덴 山東京傳

기뵤시 黄表紙

사쿠라가와 지히나리 櫻川慈悲成

우타가와 구니요시 歌川國芳

〈제1장. 프로듀서 쓰타야에게 맡겨주세요〉

나리타 成田

간세이 개혁 寛政改革

니혼바시 日本橋

아사쿠사 淺草

우로코가타야 鱗形屋

청루 미인 모습 비교 모음 靑樓美人合姿鏡

기타오 시게마사 北尾重政

가쓰카와 슌쇼 勝川春章

샤레본 洒落本

교카 그림책 狂歌絵本

니시키에 錦絵

호세이도 기산지 朋誠堂喜三二

오타 난포 大田南畝

쓰타노 가라마루 蔦唐丸

아케라 간코 朱楽菅江

도리야마 세키엔 鳥山石燕

도라이 산나 唐來三和

시미즈 엔주 志水燕十

에이쇼사이 조키 栄松斎長喜

스즈키 하루노부 鈴木春信

도리이 기요나가 鳥居淸長

시키테이 산바 式亭三馬

간세이 세 명의 미인 寬政三美人

료고쿠 両国

부인 관상학 열 개의 모습 婦人相学十躰

바람기 있는 상 浮気之相

부인 관상학 열 개의 성격 婦人相学十品

비드로를 부는 여인 ビードロを吹く娘

담뱃대를 든 여자 煙管を持つ女

편지를 읽는 여자 文読む女

가쓰시카 호쿠사이 葛飾北斎

우타가와 도요쿠니 歌川豊國

가부키 배우 그림 役者絵

가쓰카와 슌코 勝川春好

사이토 주로베이 斎藤十郎兵衛

사이토 겟신 斎藤月岑

짓펜샤 잇쿠 十返舎一九

이시카와 마사모치 石川雅望

⟨제2장. 오락 소설 아이디어의 시대⟩

오락 소설(게사쿠) 戯作

미조구치 겐지 溝口健二

헤이안 시대 平安時代

쓰가루 津軽

사도 佐渡

단고 丹後

에치고 越後

안주·즈시오 이야기 安寿·厨子王伝説

후쿠시마 福島

미야기 宮城

규슈 九州

니가타 新潟

나오에쓰 直江津

사도가시마 佐渡島

교토 京都

단고 丹後

고쿠분지 国分寺

유라 항구의 산쇼다유 由良の湊三庄太夫

산쇼다유 모노가타리 山枡太夫物語

늙은 신랑 老花婿

우토 이야기 善知鳥物語

아아 대단하다 긴케이 嗚呼奇々羅金鶏

에도 바람둥이 이야기 江戸生艶氣樺燒

일곱 번째 십이지기 冠言葉七目十二支記

부모자식 재회의 동전 돌고 돌기 再会親子銭独楽

기타오 마사노부 北尾政演

잘 알고 계시는 상품들 御存商売物

엔지로 艶二郎

가라고로모 깃슈 唐衣橘洲

헤즈쓰 도사쿠 平秩東作

복을 부르는 웃음의 소나무 福種笑門松

야마구치 다케시 山口剛

이치카와 단주로 市川團十郎

모리 오가이 森鷗外

이타・섹스아리스 ヰタ・セクスアリス

교쿠테이 바킨 曲亭馬琴

골계본 滑稽本

고칸 合巻

도카이 도보여행기 東海道中膝栗毛

더하기 산쇼다유 増益山荘太輔

〈제3장. 애니멀 콘텐츠는 에도 시대부터〉

가치카치야마 かちかち山
이노우에 히사시 井上ひさし
부모 원수 갚는 배 두드리기 親敵討腹鼓
게사쿠 戱作
그 옛날 너구리 국물 요리 昔料理狸吸物
돈 버는 너구리 긴타마 黒手八丈狸金性水
바뀌는 너구리 아내 引返狸之忍田妻
다카하타 이사오 高畑勲
폼포코 너구리 대작전 平成狸合戦ぽんぽこ
이나리 稲荷
나는 고양이로소이다 吾輩は猫である
겐지 모노가타리 源氏物語
온나산노미야 女三宮
가시와기 柏木
으스름달 고양이 이야기 朧月猫草紙
덴포 개혁 天保改革
산토 교잔 山東京山
이와이 시자쿠 岩井柴若
사와무라 돗쇼 沢村訥升
이치카와 에비조 市川海老蔵
이치무라 우자에몬 市村羽左衛門
유행 고양이 流行猫
가와나베 교사이 河鍋暁斎
교사이 화담 暁斎画談
요시토라 芳虎

요시카즈 芳員

요시무네 芳宗

요시타마 芳玉

우타가와 히로시게 歌川広重

도카이도 53역참 東海道五十三次

그대로 말장난 고양이 애호 53마리 其まま地口猫飼好五十三疋

단골손님의 보금자리로 빌린 임시 집 里すゞめねぐらの仮宿

으스름달 한가득 고양이 月猫の盛

물고기의 심정 魚の心

닮았는가 금붕어 似たか金魚

금붕어 모음집 金魚づくし

익살스런 화장 장난 道外化粧のたわむれ

바케모노 주신구라 化物忠臣蔵

〈제4장. 문화콘텐츠 개발자, 구니요시〉

우타가와 구니사다 歌川國貞

우타가와 구니야스 歌川國安

우타가와 구니나오 歌川國直

고양이로 표현한 문자 猫の当字

겉보기엔 무섭지만 굉장히 좋은 사람이다 みかけハこハゐがとんだいゝ人だ

모음 그림 寄せ絵

노인 같은 젊은 사람이다 としよりのよふな若い人だ

사람 엉겨붙어 사람이 되다 人かたまつて人になる

스케로쿠 助六

이큐 伊久

하품 멈추는 인물 사라사 欠留人物更紗

묘하게 이상한 심정을 보이는 53개의 얼굴 妙な異相胸中五十三面

그 그림자 알맞게 잘 비춘 그림 其面影程能写絵

닮았기에 창고 벽의 낙서 荷宝蔵壁のむだ書き

나카무라 우타에몬 中村歌右衛門

유행 고양이의 퍼포먼스 流行猫のおも入

유행 고양이의 장난 流行猫の戯

익살스러운 동작 십이지 道外見富利十二志

고양이화가 주베의 기묘한 이야기 猫絵十兵衛御伽草紙

네코판치 ねこぱんち

쥐 잡는 고양이 鼠よけの猫

나가오 마루 永尾まる

벽오동나무 디자인의 늠름한 구니요시 勇國芳桐對模樣

세 장 연속 그림 三枚続

요시쓰루 芳鶴

요시후지 芳藤

요시유키 芳雪

요시쓰나 芳綱

요시카네 芳兼

오치아이 요시이쿠 落合芳幾

쓰키오카 요시토시 月岡芳年

인물 이로하 글씨본 人物いろは手本

장난감 그림 おもちゃ絵

53역참 안 고양이의 기괴함 五拾三次之內猫之怪

추도 그림 死絵

요시토미 芳富

요시후사 芳房

우메야 각주 梅屋鶴寿

〈제5장. 우키요에의 하이브리드적 변형〉

도쿄니치니치신문 東京日日新聞

신문니시키에 新聞錦絵

니시키에신문 錦絵新聞

가와라반 瓦版

메기 그림 鯰絵

홍역 그림 麻疹絵

각종신문도해 各種新聞図解

유빙호치신문 郵便報知新聞

대일본그림신문 大日本国絵入新聞

가나요미신문 かなよみ新聞

조야신문 朝野新聞

혼다 야스오 本田康雄

사이고 다카모리 西郷隆盛

산유테이 엔초 三遊亭円朝

오미의 용감한 여인 오카네 近江国の勇婦於兼

사이고 쓰구미치 西郷従道

에도명소도회 江戸名所図会

신판 외국인 스고로쿠 新板異人双六

만국 스고로쿠 万國壽吾陸

눈치껏 배우는 조련 스고로쿠 早合点調練双六

국기 명적 오대주 일람 스고로쿠 國旗名跡五大洲一覽双六

모의 글자 여행 스고로쿠 擬文字道中双六

우에노 슌노조 上野俊之丞

우에노 히코마 上野彦馬

우가이 교쿠센 鵜飼玉川

시모오카 렌조 下岡蓮杖

외국 사진의 그림 外国写真鏡之図

개화 구폐 흥폐 겨루기 開化旧弊興廃くらべ

에자키 레이지 江崎礼二

고세다 호류 五姓田芳柳

참고문헌

김대식(2014)『김대식의 빅퀘스천』동아시아.

박정자(2011)『마그리트와 시뮬라크르』기파랑.

손정아(2018)「메이지(明治) 초기 우키요에(浮世絵)의 하이브리드적 변형-신
　　　　문니시키에(新聞錦絵)를 중심으로-」『일어일문학연구』(106) 한국일
　　　　어일문학회.

＿＿＿＿(2019)「일본 미디어리터러시의 가능성으로서 우키요에(浮世絵) 내셔
　　　　널리즘 표상 고찰」『비교일본학』(47) 일본학국제비교연구소

＿＿＿＿(2020)「구니요시 동문(国芳一門)의 그림 스고로쿠(絵双六)에 나타난
　　　　일본 미디어믹스 현상에 대하여」『日本學研究』(61) 단국대학교 일
　　　　본연구소

이준섭(2011)『문화로 읽는 주신구라』신아사.

장 보드리야르 지음・하태환 옮김(2012)『시뮬라시옹』민음사.

질 들뢰즈 지음・김상환 옮김(2004)『차이와 반복』민음사.

浅野秀剛(2006)『歌麿の風流』小学館

＿＿＿＿(2006)『写楽の意気』小学館

浅野秀剛・諏訪春雄・山口桂三郎(2002)『東洲斎写楽 : 原寸大全
　　　作品』小学館

アダム・カバット(2006)『ももんがあ対見越入道—江戸化物たち』講談社

＿＿＿＿＿＿＿ト(2017)『江戸化物の研究—草双紙に描かれた創作化物
　　　の誕生と展開』岩波書店

悳俊彦(1989)『国芳の絵本』(1)(2) 平文社

＿＿＿＿(2013)『もっと知りたい歌川国芳—生涯と作品』東京美術

井上隆明(1983)『喜三二戯作本の研究』三樹書房

井上ひさし(1979)『パロディ志願』中央公論社

＿＿＿＿＿(2011)『ふかいことをおもしろく-創作の原点』PHP研究所

岩切友理子(2011)『没後150年歌川国芳殿』日本経済新聞社

_____(2014)『芳年』平凡社

エドモン・ド ゴンクール(2005)『歌麿』平凡社

大谷正(2014)『日清戦争 近代日本初の対外戦争の実像』中央公論
　　　新社

岡塚章子・我妻直美(2015)『浮世絵から写真へ-視覚の文明開化』青
　　　幻舎

加藤康子・松村倫子(2002)『幕末・明治の絵双六』国書刊行会

金子信久(2013)『おこまの大冒険』パイインターナショナル

狩野博幸(2017)『もっと知りたい河鍋暁斎―生涯と作品』東京美術

姜徳相(2007)『錦絵の中の朝鮮と中国』岩波書店

木下直之・吉見俊哉編(1999)『ニュースの誕生―かわら版と新聞錦絵
　　　の情報世界』東京大学総合研究博物館

桐野作人(2017)『猫の日本史』洋泉社

原色浮世絵大百科事典編集委員会(1981)『原色浮世絵大百科事典』
　　　第1-11巻 大修館書店

幸堂得知 校訂(1901)『校訂黄表紙百種』博文館編輯局

小池藤五郎(1997)『山東京伝』吉川弘文館

小西四郎(1977)『錦絵幕末明治の歴史⑦士族叛乱』講談社

酒向伸行(1992)『山椒大夫伝説の研究―安寿・厨子王伝承から説経
　　　節・森鴎外まで―』名著出版

山東京傳(1992)『山東京傳全集 第2巻』ぺりかん社

鈴木俊幸(1995)『蔦屋重三郎の仕事』平凡社

_____(2011)『江戸の本づくし』平凡社

_____(2012)『蔦屋重三郎』平凡社

高橋克彦(1992)『新聞錦絵の世界』角川書店

丹波恒夫(1966)『錦絵にみる明治天皇と明治時代』朝日新聞社

千葉市美術館編(2008)『文明開化の錦絵新聞』国書刊行会

中村禎里(1990)『狸とその世界』(朝日選書400) 朝日新聞社

永尾まる(2008)『猫絵十兵衛御伽草紙』少年画報社

日本古典文学大事典編集委員会(1984)『日本古典文学大事典』 第三
　　　巻 岩波書店

野々上慶一編(2013)『文明開化の錦絵』日本図書センタ

延広真治監修・鈴木俊幸編(1988)『シリーズ江戸戯作 唐来三和』桜
　　　楓社

花咲一男(1992)『江戸吉原図会』三樹書房

林美一 校訂(1985)『朧月猫の草紙』(初・二編) 江戸戯作文庫 河出

　　　書房新社
日野原健司(2016)『戦争と浮世絵』洋泉社
藤沢茜(2001)『歌川派の浮世絵と江戸出版界―役者絵を中心に―』勉
　　　誠出版
府中市美術館 編(2017)『歌川国芳 21世紀の絵画力』講談社
本田康雄(1988)「版木から活字へ ： 稿本の終焉」『国語と国文学』65 (12)
　　　至文堂
武藤禎夫 編(1979)『噺本大系 第18巻』東京堂出版
森鷗外(1993)『ヰタ・セクスアリス』新潮社
＿＿＿＿(1996)『山椒太夫・高瀬舟』岩波書店
森見登美彦(2010)『有頂天家族』幻冬舎
山口静一編(2015)『河鍋暁斎戯画集』岩波書店
山口剛(1972)『山口剛著作集』(第三巻) 中央公論社
山本正勝(2004)『絵すごろく―生いたちと魅力』芸艸堂
早稲田大学図書館編(1987)『幕末・明治のメディア展―新聞・錦絵・
　　　引札』早稲田大学出版部

Honolulu Museum of Art　　https://honolulumuseum.org/
Museum of Fine Arts, Boston　　https://www.mfa.org/
Tokyo National Museum　　https://webarchives.tnm.jp/
東京学芸大学 Digital Archive　　http://ir.u-gakugei.ac.jp/
東京大学大学院 小野秀雄コレクション
http://www.lib.iii.u-tokyo.ac.jp/collection/ono.html#shinbun-n
東洋大学 貴重書デジタルコレクション
https://www.toyo.ac.jp/ja-JP/library/collection/
日本国会図書館デジタルコレクション　　https://dl.ndl.go.jp/
立命館大学ARC(ART RESEARCH CENTER)
https://www.arc.ritsumei.ac.jp/e/database/
早稲田大学 演劇博物館　デジタルー・アーカイブ・コレクション
http://www.waseda.jp/enpaku/
早稲田大学 古典籍総合データベース
https://www.wul.waseda.ac.jp/kotenseki/
東京都立中央図書館 加賀文庫所蔵資料
日本国会図書館所蔵 資料

<DVD>

高畑勲 <平成狸合戰ぽんぽこ>, ウォルト・ディズニー・ジャパン, 2015
溝口健二 <山椒大夫 Sansho the Bailiff>, Criterion Collection, 1954
吉原正行 <有頂天家族>, バンダイビジュアル, 2017
_____ <有頂天家族2上・下>, バンダイビジュアル, 2017